政产学研的耦合机制与创新驱动

郭惠　著

中国财经出版传媒集团
中国财政经济出版社

图书在版编目（CIP）数据

政产学研的耦合机制与创新驱动／郭惠著．－－北京：中国财政经济出版社，2021．10

ISBN 978－7－5223－0757－2

Ⅰ．①政…　Ⅱ．①郭…　Ⅲ．①产学研－体化－研究－中国　Ⅳ．①G640

中国版本图书馆 CIP 数据核字（2021）第 181118 号

责任编辑：蔡　宾　　　　责任校对：张　凡
封面设计：陈宇琰

政产学研的耦合机制与创新驱动
ZHENGCHANXUEYAN DE OUHE JIZHI YU CHUANGXIN QUDONG

中国财政经济出版社 出版

URL：http：//www. cfeph. cn
E－mail：cfeph@ cfeph. cn

社址：北京市海淀区阜成路甲 28 号　邮政编码：100142
营销中心电话：010－88191522　编辑中心电话：010－88190666
天猫网店：中国财政经济出版社旗舰店
网址：https：//zgczjjcbs. tmall. com
北京财经印刷厂印刷　各地新华书店经销
成品尺寸：170mm×240mm　16 开　14. 25 印张　200 000 字
2021 年 10 月第 1 版　2021 年 10 月北京第 1 次印刷
定价：60. 00 元
ISBN 978－7－5223－0757－2
（图书出现印装问题，本社负责调换，电话：010－88190548）
本社质量投诉电话：010－88190744
打击盗版举报热线：010－88191661　QQ：2242791300

前　　言

21世纪以来，世界各国的竞争早已不仅仅停留在军事和经济等方面，而是更加注重国家自主创新能力。政产学研融合作为创新型人才培养、科技研发、成果产出与转化的作用平台，在驱动技术创新和创新型国家建设与发展方面发挥了至关重要的作用。国家“十四五”规划指出，要坚持创新在我国现代化建设全局中的核心地位，把科技自立自强作为国家发展的战略支撑，深入实施创新驱动发展战略，要进一步强化以企业为主体、市场为导向、产学研深度融合的技术创新体系。在新时代加快推进创新型国家建设和科技体制改革持续推进的背景下，社会经济发展速度越来越快，市场竞争也愈加激烈，如何培养造就现代化人才体系助力创新驱动战略？如何通过科技投入与成果转化赋能经济发展新模式？如何能够在快速发展的市场中站稳脚跟，对瞬息万变的信息做出及时的反应？揭示并研究这些问题对创新型国家建设而言至关重要。

目前，所掌握的研究范式基本上都是运用质性研究方法分析政产学研融合问题，而本书从政产学研融合与创新驱动的路径和机制研究分析出发，将理论与实际相结合，定量和定性分析相结合，综合运用系统分析法、层次分析法与模糊综合评价法、数理推导和计量研究等研究方法，按照提出问题→文献梳理→调研分析→理论分析→实证研究→政策建议的逻辑主线进行设计。全书共分为十一章，具体安排如下：第一章导论；第二章文献梳理；第三章产学研合作发展情况调查——以陕西为例；第四章政产学研融合的历史演化；第五章政产学研的耦合机制；第六章高校科研的角色转变；第七章美国产学研创新驱动的经验与启示；第八章日本产学研合作的经验与启示；第九章以色列产学研创新驱动的经验与启示；第十章政府支出对产学研的创新驱动效应；第十一章优化政产学研融合与创新驱动的政策设计。

本书的创新贡献在于，分别从选择机理、建模与求解和效果评价几个层面，形成了政产学研融合的理论分析与方法体系；结合目标匹配、主接体对、优势集成等层次，构建多元反馈调节机制，对决策理论和方法应用实现了拓展和深化；选取国外政产学研合作的典型案例，以期为我国产学研创新驱动提供经验和启示。另外，基于政产学研融合过程中存在的诸如主体定位偏差、系统动力不足、利益分配不均等现实问题，从提升创新成果转移转化视角出发，设计出了具体和可操作强的路径体系，具有较强的实际应用前景。进一步提出产学研的耦合优化路径：对高校来说，通过政产学研融合的创新驱动，能够加快高校科技成果转移与转化；对企业来说，加快推进政产学研创新驱动，与高校和科研院所展开密切合作，引进大批创新型人才，进而大大提高企业自身竞争力；对国家来说，高校、科研院所与企业进行深入交流与合作，使得技术创新转变为现实的生产力，实现政产学研协同创新的溢出效应，驱动创新型国家发展。

本书研究参考国内外大量研究数据，虽然尽可能以官方权威数据为主，但由于作者水平有限，研究中难免存在疏漏，敬请各位读者指正。

作　者

2021 年 8 月

目　　录

第 1 章

导　　论

1.1　研究背景

随着创新型国家建设和科技体制改革的持续推进，政产学研融合作为创新型人才培养、科技研发、成果产出与转化的作用平台，已成为技术创新绩效提升的重要载体。十三届全国人大四次会议上做《政府工作报告》《国家中长期科学与技术发展规划纲要（2006－2020）》等系列文件充分强调了政产学研融合对于创新驱动发展的战略意义。在新时代经济从“高速增长”向“高质量发展”战略转型背景下，如何培养造就现代化人才体系助力创新驱动战略？如何通过知识研发、技术创新深化西部地区技术创新高地？如何通过科技投入与成果转化赋能经济发展新模式？都是我政产学研所面临的新诉求和新挑战。

新旧动能转换重点强调了通过结构性改革等措施以及新一代信息技术革命，培育经济发展可持续发展增长的动力机制，经济新常态和新业态的不断转型和调整，新一代信息技术不断促进产业跨界融合，推动产业转型升级，构建价值增长的新业态。深入研究政产学研融合合作模式的效率提升机制，不但能优化知识技术协同创新的作用结构，还能构建高效和企业联动的链接机制。

关于“政产学研”中高校创新成果转化的认识较为统一，欧美等发达国家高校科研水平卓越，成为政府和企业之间的创新桥梁（Gustafsson 和 Jarvenpaa，2018）。Maribel 等（2019）认为墨西哥等拉美发展中国家的高校研发对经济发展同样具有积极驱动效应。Mcgregor 等（2014）的研究发现，大学研发对医药行业创新发展影响显著，并且高投入产生了高回报。薛澜等（2019）认为，中国的“产学研”机制促进了新兴学科发展，这在人工智能领域尤为突出。王丽平和栾慧明（2019）通过研究民营企业与“产学研”的互动关系提出，单元距离对“产学研”的绩效具有显著影响，因此要重视高校和企业之间的结合紧密度。但一些研究也提出质疑，认为高校研发活动更多集中在基础研究领域，市场化导向不强，缺乏有机融合，造成创新资源浪费（余晓芳和刘耀东，2019）。史建锋等（2017）的研究提出，解决“产学研”失衡必须从宏观、中观、微观三个层面构建系统运行机制。贺一堂和谢富纪（2019）从博弈角度分析“政产学研”中的逻辑关系，认为政府、高校和企业之间的三方博弈结果是非量子策略，必须形成一致利益需求。杨文娟和袁鹤馨（2020）的研究认为，高校在“产学研”系统中承担的是基础研究，要注重与应用研究的有效融合。上述研究普遍认为“产学研”结合是重要的创新机制，但对如何释放高校创新活动的转化溢出，提高创新效率效应的认识不一。由此可见，对政产学研路径设计与优化机制展开分析，依然具有重要的现实意义和研究价值。

1.2 研究价值

1.2.1 理论价值

本书从理论层面探讨了政产学研融合与创新驱动的路径设计和机制研究分析框架。首先，目前所掌握的研究范式基本上都是运用质性研究方法分析政产学研融合问题。本论文运用定量和定性相结合的方法，力图更加具体的阐述这一问题。其次，本书分别从选择机理、建模与求解、效果评价几个层面，形成了政产学研融合的理论分析与方法体系，对发展协同创新理论，具有一定的理论价值。再次，结合目标匹配、主体对接、优势集成等层次在多维度、多指标的路径信息表达与测评，构建多元反馈调节机制，对决策理论和方法应用实现了拓展和深化。最后，本文通过梳理国内外政产学研融合相关文献理论基础，对政产学研合作的典型和相关政策进行梳理和总结，对本研究有更深入的理论理解；同时，基于前人的研究，对政产学研融合创新进行理性的思考，对于促进我国政产学研融合理论体系的研究起到了很好的引领作用。

1.2.2 现实意义

政产学研融合效率提升和路径优化，在实践操作层面，需要结合目标匹配、主体对接、优势集成展开设计和机制分析。推动政产学研融合效率，促进产业升级、优化成果转化体系，都需要经过目标需求的搜寻、识别和选择过程。其过程工作量大、成本高、风险不确定因素多、各个环节连接机制弱，要实现符合多元主体的效用函数和预期收益，难度较大。为解决以上现实问题，本书从提升创新成果转移转化视角，构建了企业技术主体和高校知识主体双向匹配的协同框架，并基于共享经济提出了供给侧结构性改革的价值共创视角，从而设计了具体、适用和可操作强的路径体系，具有较强的实际应用前景。从现实意义来说，主要表现在四个方面：第一，对于高校来说，通过政产学研融合创新模式，可以为高校创新成果转移转化提供输出渠道和路径，加速高校科技成果产业化；第二，对于企业来说，则可以通过与高校建立合作创新关系，为企业及时输送创新成果和技术人才，增强企业创新竞争力；第三，借鉴西方发达国家的成功经验，为我国政产学研融合与创新驱动提供对比优势分析和政策建议；第四，通过政产学研协同创新研究，使得政府、高校和企业双方之间的合作更加深入和丰富，实现政产学研协同创新的溢出效应，驱动社会经济可持续发展。

1.3 研究思路与技术路线

本书研究的逻辑主线为：提出问题→文献梳理→调研分析→理论分析→实证研究→政策建议。以政产学研协同创新机制为出发点，探讨了政产学研协同创新的运作机理、影响因素及演化路径；基于协同学视角，对产学研耦合、政产学研融合创新与成果转化及优化政产学研融合创新的相关政策进行了文献研究梳理，建立研究基础；详细阐述了政产学研融合的功能定位和总体框架，从理论层面解释了产学研耦合机制与政产学研融合创新的研究范式、构成要素、典型模式；进一步通过计量研究，实证分析了政府研发资助对政产学研融合创新驱动的调节效应及影响；最后，基于理论分析和实证研究，为提升政产学研协同创新在资源优化配置、资源共享经济、资源价值共创等核心目标的作用效率，切实增强政产学研协同创新驱动效率提出建设性的政策建议。

1.4 研究方法

1. 系统分析法。政产学研的作用路径是一个复杂系统工程，本研究将对其复杂适应性特征进行分析，构建知识能力协同、利益协同和关系协同的三位一体协同机制系统的设计。

2. 层次分析法与模糊综合评价法。运用层次分析法对项目各评价指标进行了权重分析，并运用模糊评价法对项目进行了综合评价。

3. 数理推导。借鉴 Bewley 和 Truman 的数理推导研究方法，设计创新投入产出模型，基于协同创新理论，推导政产学研融合创新溢出的规律，阐释高校创新活动与地方创新发展之间的逻辑关系，揭示政府研发资助对高校创新溢出的调节影响可能存在较为复杂的动态机制，为政产学研融合创新成果转移转化效率提升提供理论支撑。

4. 计量研究。实证研究时，以单位根检验和协整检验降低宏观数据回归的时序干扰；采用随机前沿估计方法（SFA）测算区域创新效率，进一步测定区域创新水平的异质性；以固定效应模型（FE）检验高校创新能力与区域创新发展的线性影响方向，进一步借助面板门槛回归方法（Threshold Regression）研究政府研发资助与高校创新溢出的动态规律；设计异向介质影响门槛模型检验两者的交互创新溢出关系；借助随机效应模型（RE）、广义矩估计模型（GMM）进一步检验计量模型输出的内生性与稳健性。

第 2 章

文献梳理

2.1　高校研发的创新贡献

改革开放以来，我国高校研发和企业技术创新为转变经济增长方式、培育国家竞争优势、提升国家创新能力提供了新的契机。创建创新型国家需要建设以企业为主，以高校为辅的知识创新体系，因而高校研发创新具有重要意义。

2.1.1　高校研发投入有助于创新产出

高校研发投入和创新产出关系始终是国内外学者关注的话题之一。国外学者 Douglas Woodward 等（2006）以美国高校为研究对象，考察了高校研究、实验发展与高技术区位的关系，发现高校研发产生的溢出效应可能会延伸到该高校附近约 145 英里的地方。不同研发资金的投入对高校创新成果有不同的影响，Marcelo J 等（2017）基于资源依赖理论的视角，重点考察了不同来源的各类资金在高校研发过程中所占的比例，并评估了不同资金对高校研究活动的性质和结果的影响。研究发现基础研究资金投入越多，发明专利则越多，同时应区分不同的研发资金投入，因为它们对应不同的创新成果。

我国高校已成为国家“科教兴国”战略和科技创新的强大主力军，国内许多学者就高校研发的创新贡献做了相关研究，并且提出高校的研发投入有助于科技出版物和专利的产出。在我国科研快速发展的初期，高校是我国科研力量的重要支柱，面对高校科研基金投入不足和投入结构不合理等问题，有学者通过研究高校科研人力、财力资源投入对学术论文、专利等重大科技成果方面产出的影响，提出应改善投入结构，保障学术产出质量（王少青，2002）。随着社会经济的迅速发展，政府出台了相关政策来推动科研资源向产业转移，从而实现社会效益最大化。我国学者采用高校论文发表数量和申请专利数作为标准来衡量高等院校科技成果的产出，通过实证检验发现中国高校研究与实验发展支出和专利申请量的直接关系非常弱，其促进效果很不明显，造成高校的技术转化和政产学研合作更加困难；并且研究与实验发展投入和高校科研产出呈倒U形关系，科研经费的增加对科研产出的直接促进作用不明显（徐凯，2006；高山行，2008）。因而政府应借鉴其他国家为保护高校专利所有权出台的政策，进一步明确高等院校专利权的归属，提高高水平国际期刊论文的发表数量，优化政产学研合作模式，实现企业与高校之间的双赢。此外，可以基于不同高校的微观数据来研究影响各类型高校专利产出的因素，并以研究与实验发展经费、人员等作为综合指标来分析不同科技投入水平对高校创新活动的影响（付晔等，2010）。研究与试验发展经费的投入力度应进一步加大，研究人员数量适度扩张的同时要保证人员质量，提高其整体创新水平。

已有高校研发投入与创新产出关系的研究多以总量指标来衡量研发投入，但总量指标并不能准确反映高校研发的创新贡献，郭江江（2014）等通过构建反映高校研发资源结构和特征与创新产出关系的实证模型，探究了不同研发经费和人员结构对高校研发创新的影响。研究结果表明高校研发资源投入的结构和人员组成的不同会影响最终的创新产出，未来发展中我国高校应进一步推进产学研合作，提高研发活动的市场结合度。高校研发的创新贡献不仅仅是知识创新和专利申请，还包括科研成果的转化，可以将高校创新效率分为科技研发和成果转化两个阶段，结果显示近十年来各地区高校研发效率值较为稳定，但转化效率值存在明显波动，低转化效率导致我国整体研发效率偏低（杨博和曹辉，2020）。接下来应进一步提高我国各地区高校科研成果的转化速度，尤其是科研成果转化效率。

2.1.2 高校研发活动对企业创新溢出的影响

国外多数学者从知识溢出角度考察了高校对企业创新产出的影响，如Belderbos等（2004）研究发现企业与高校合作或与竞争对手的合作有助于产品创新和市场开拓，提高企业的业绩。此外，客户和高校是追求突破性创新企业的重要知识来源，在缺乏正式研发合作的情况下，这两者有助于企业探索创新型销售方式。Todtling 和 Lehner（2009）选取了澳大利亚的 1200 家企业进行分析研究，发现高校研发对企业创新具有显著的促进作用。高校技术转移产生了积极的溢出效应，增强了企业的内部研发能力（María 和 Óscar，2020）。然而高校创新活动并不一定促进产业创新，高校创新活动的溢出效应会对企业创新产生显著正向影响，但高校创新也会对企业创新产生一定的负面影响——挤出效应（Audretsch 和 Lehmann，2012）。

我国多数学者认为高校研发活动对企业创新溢出发挥积极作用，廖述梅通过对我国 30 个省市高校研发对企业创新溢出的实证分析发现，整体上高校研发对企业技术创新具有总体溢出效应和地区溢出效应，呈现东部最强、中部次之、西部最弱的格局（廖述梅，2011）。因而政府要加大对高校研发的扶持力度，充分发挥区域优势，推动发达地区的高校技术、知识创新向较落后地区和落后地区流动，激发落后地区的企业创新能力，实现协调发展。针对大中型工业企业，陆文聪研究了高校知识溢出对大中型工业企业专利申请和新产品开发这两方面创新绩效的影响，结果表明高校对企业创新的贡献取决于政产学研合作的规模，政产学研合作对企业专利层次创新的贡献显著大于对企业产品开发层次创新的贡献（陆文聪，2010）。政府应出台相关激励政策来扩大政产学研合作的规模，深化合作层次，可以对企业投入到高校技术研发的资金进行一部分补贴，高校的科研成果及专利则由企业和高校共享，在加强技术转化的同时降低企业科技活动的成本。同时，基于我国企业当前面临高校知识难以有效转化为产品的现状，要积极探寻政产学研之间的有机结合方式，将高校科研成果落地，实现商业化。但已有研究主要侧重于高校对企业创新产出的知识溢出效应，很少有学进行高校科研资源转化对企业技术创新影响的定量测算。我国学者基于效率的视角，发现研究与试验发展人员质量、政府资助、企业规模、市场化程度均对企业技术创新效率的提升有直接的促进作用；并且在产学研究的初始阶段，高校科研资源投入产出效率对企业技术创新效率具有显著的负向影响，发展到以企业为主导的成熟阶段时，高校科研资源整体效率对企业技术创新效率的提升具有显著的正向促进作用（季柳和蒋伏心，

2018）。政府对高校研究与实验发展补贴对企业研究与实验发展投入会产生显著影响。高校可以分为人文社科类和理工农医类，基于其经费内部支出数据进行了实证研究，结果显示政府研究与实验发展补贴的增加主要通过提高企业工资率和溢出效应来促进企业研究与实验发展投入（邹洋等，2016）。企业相较于高校而言，对市场需求的变动更加敏感，加强企业与高校之间的交流与合作，充分发挥各自的优势，研发资金的使用和管理将更加有效。

2.2 企业研发的创新价值

在我国贯彻创新驱动发展战略的大背景下，企业作为微观经济主体，其获取知识技术的方式主要有自主研发和收购，从根本上来说，企业自主创新是生产技术不断更新的动力和源泉。从经济理论角度来说，企业研发活动不仅能提高生产力，还能降低成本，提高企业利润。

2.2.1 企业研发投入对技术创新的影响

Tseng Ming Lang 等（2012）提出技术创新能力是竞争优势的根本支撑和决定性因素，现代企业的生存和发展依赖于知识和技术的创新和应用。学者基于对越南制造企业的调查，研究了该行业在其企业层面上的投资能力（IT）如何影响越南企业获得竞争优势的效率和潜力，结果显示投资提高了越南企业的学习研发能力。Byung – Keun Kim（2019）通过收集 588 家企业的生存期、研发投入、研发人力、专利申请量等技术创新相关信息的调查数据，以及企业规模、所属行业等基础数据，研究发现企业研发投入的增加可以加快中小企业在困境中的技术创新，增强企业在逆境中的生存能力。企业技术研发常与知识产权保护结合研究，我国学者认为增强知识产权保护可以通过增加企业研发投入和吸引外商投资两种渠道来提升一国企业的创新产出（尹志锋和叶静怡，2013）。针对不同的行业，知识产权的创新效应不尽相同，基于中国制造业企业的数据，实证研究发现知识产权侵权程度对企业的研发确实具有很强的抑制作用，且知识产权保护状况对于不同企业的影响存在显著差异，国有企业相对于私营企业的创新投入受知识产权保护的影响更小（史宇鹏和顾全林，2013）。知识产权的保护不仅仅局限在侵权后做出相应的惩罚措施，还应对潜在的侵权行为做出及时的反应与防范，从而提升企业创新研发水平。宗庆庆等（2015）通过分析省际层面知识产权保护强度指数，发现知识产权保护程度的提高显著地推动了我国全样本工业企业的研发活动。但在竞争程度不同的行业中，知识产权保护对企业研发投入的影响表现迥异，因而政府相关政策的出台要考虑到行业的异质性，既要保证创新主体从研发中获得足够多的利润以激励其研发，又要减少因为过度知识产权保护所带来的创新阻碍，从而提高行业总体创新水平。

技术创新是衡量企业创新能力的重要指标之一，其影响因素众多，研发投入是根本。目前国内外市场竞争日益加剧，企业为了增加产品竞争力，提高国内外市场参与度，更需要加大研发投入，进而带动我国整体创新效率的提升。李平和刘利利（2017）测算出了企业研发投入强度的最优区间，通过面板数据分析发现，总体上来看我国企业研发投入能够促进创新效率的提高。基于上市公司数据来研究研发投入对企业未来盈利能力的影响，结果显示研发投入对企业未来盈利能力有显著的促进作用；随着时间的推移，研发投入对企业未来盈利能力的影响也会逐渐减弱（段海艳和田亚星，2021）。产生这种现象的原因主要是企业管理层的创新惰性以及研发投入的边际效应递减等，因而企业在进行创新决策时要制定长期目标。此外，研发成本粘性是影响企业创新的重要因素之一，孙林杰等（2021）以工业行业上市公司为样本，研究发现研究成本粘性普遍存在于上市公司中，且研发成本粘性的存在有助于企业技术创新绩效的提高。虽然技术创新主要依靠资源投入，但影响技术研发的软环境因素也十分重要，需要企业全方位要素的资源整合。

2.2.2 企业研发投入对企业创新绩效的影响

国内外学者对研发投入和企业绩效之间的影响关系做了大量研究，部分学者认为企业研发投入的增加有助于提升企业创新绩效。学者 Brand（1974）基于 1950～1965 年美国 111 家企业的数据研究发现，研发投入与企业绩效有显著的正相关关系，研发投入的增加可以有效提高企业的盈利能力。此外，企业研发支出可以提高企业的销售收入（Dave 等，2013）。我国学者认为企业研发人员的社会资本与其实际创新绩效二者之间存在显著正向相关关系，即丰富的社会资源有助于企业更加高效地开展研发创新活动（柯江林等，2007）。企业通过研发行为的国际化获取技术溢出也是企业创新绩效提升的有效路径，进一步的研究表明研发行为国际合作的范围越广，对创新绩效的促进作用越明显（李梅和卢程，2019）。

大部分学者认为研发投入对企业绩效存在明显的滞后作用。周艳、曾静以我国上市公司为研究样本，也发现各期研发资金的投入和人员的投入都与企业的经营利润呈正相关，且存在明显的滞后效应，资金投入的滞后期为一期，人员投入的滞后期为二期（周艳和曾静，2011）。研发投入与高新技术企业的绩效有密切联系，荣凤芝和钟旭娟（2020）以创业板的 450 家高新技术企业作为研究样本，发现研发投入对企业绩效有显著的积极影响，且存在滞后性，滞后一年的研发投入对企业绩效有显著积极影响，随着时间的增长研发投入的影响作用逐渐减弱。也有学者认为研发投入对企业绩效不存在滞后作用，龚志文、陈金龙（2011）通过对研发投入和企业主营业务利润关系的实证检验，发现随着企业研发投入的增加，主营业务利润也随之增加，两者呈正相关关系，且并无滞后效应。

但也有学者提出，研发投入的周期比较长，且面临一定的风险和不确定性，所以研发投入对企业绩效的增加并不一定发挥积极作用，甚至可能会产生负向影响。随着经济的发展和企业技术水平的进一步提升，企业的试错成本有所下降，学者在进一步探讨研发成本与企业未来盈利能力的关系中发现，企业研发战略、研发性质和产业结构等因素都会影响企业的盈利能力（Curtis等，2020）。宋薇（2021）通过对研发投入在企业绩效表现中体现出的不同效应进行实证检验，发现研发成果无法对既定时间内的绩效起到较好的促进和提升作用，研发投入会加剧企业绩效波动性。在中美贸易摩擦的压力的背景下，科创企业研发投入有效性问题受到广泛关注，赵毅等（2021）以科创板上市企业的面板数据为样本，研究发现企业研发强度存在单门槛值，研发强度与企业绩效呈“倒V形”的非线性关系，当研发强度超过一定水平后，会抑制企业绩效。只有适度的研发强度才会提升企业的创新绩效，因而企业要结合自身发展情况选择适合的研发投入。

2.3　政府研发资助的重要作用

随着我国创新驱动发展战略的进一步推进，政府出台了一系列政策来激励企业的创新活动，仍存在科技产出总量大但市场转化率低、科研经费使用效率低等问题。国内外学者对政府研发资助的相关研究可以分为以下三个方面。

2.3.1　政府研发资助对企业研发投入的影响

目前，许多文章围绕政府研发资助对企业研发投入的影响进行了分析研究，讨论的主要问题是政府研发资助对企业产生“杠杆效应”还是“挤出效应”。政府研发资助对企业研发投入的杠杆效应是指，通过政府对企业的针对性补贴，可以有效降低企业技术研发成本，提高创新效率，降低创新风险，同时可以增强企业的研发热情。政府研发资助对企业研发投入的挤出效应则指企业自身具有一定的“惰性”，政府研发资助后可能会抑制企业研发投入，企业失去自主研发的动力，并且往往会出现政府研发资助的资金使用率低于企业研发投入资金使用率的现象。即政府研发资助挤出了企业资金，只是增加了研发的总体投入金额却并没有提高资金的使用效率（郭迎锋等，2016）。

企业规模大小会影响政府研发资助的效应，Saul Lach（2002）提出政府研发资助的杠杆效应和挤出效应对不同类型企业的研发投入会产生不同的影响，以色列制造业的数据显示，工业贸易部的研发补贴极大地刺激了小企业的研发投入，但对大企业的研发投入却产生了负面影响。HOLGER GÖRG 和 ERIC STROBL（2007）研究了政府研发资助与企业研发投入之间的关系，使用了爱尔兰制造业的工厂级数据，研究发现，对于国内工厂而言，小额补贴有利于增加企业研发投入，而过大的补贴可能会挤出企业研发投入。不同类型资助对象的选择也会影响政府资助效果，政府对科研机构的经费资助对企业自身研发投入有挤出效应，对高等院校的研发资助对企业研发投入有杠杆效应。整体上来说，目前政府资助效果表现为杠杆效应（郭迎锋等，2016）。我国不同区域经济发展和企业创新水平的差异也会影响政府研发资助的效应，在响应方向上，政府研发资助对企业研发投入在不同的地区呈现不同的作用，对于中部地区而言，政府研发资助呈先促进后抑制的作用，东部和西部则呈抑制作用（张永安和严嘉欣，2020）。对于高政府研发资助、低企业研发投入的地区，政府研发资助该地区企业研发投入存在替代效应；而在低政府研发资助、高企业研发投入的地区，政府研发资助对该地区企业研发投入不存在显著性影响（刘友金等，2017）。政府应根据本地企业特点选择有效的资助组合，不仅仅要提供对私营企业的补贴和减免税费，还应对国有企业加强监管力度，防止国企将政府研发补助用于非企业研发创新活动。

2.3.2 政府研发资助对企业创新绩效的影响

国外学者很早就开始研究政府研发资助和企业创新绩效之间的影响关系。研究发现，政府 R&D 资助能直接减少企业技术创新的成本，降低企业研发活动风险，从而提高企业从事创新活动的积极性（Bilbao Osorio B，2004）。Elias Einiö（2014）也认为企业在获得政府研发资助后，研发投资、创新绩效、就业和销售情况都会有一定的改善，政府研发资助有助于企业长期生产力的提高。但政府研发资助并非越多越好，Joon Mo Ahn 等

（2020）通过分析 489 家韩国创新制造企业的数据，结果表明政府研发资助能够激励企业走出传统价值链和区域边界，更大胆地选择合作伙伴。然而，研发资助对创新绩效的影响呈现为倒 U 形曲线，即资金充足的企业受到政府研发资助的影响要小于资金较少的企业。

近年来我国创新投入快速增长，研究创新投入对产出的影响绩效有着非常重要的现实意义。樊琦等（2021）实证考查了政府研发资助对我国自主创新产出的影响绩效，研究结果表明政府补贴可以显著影响国家及区域的创新水平，通过对专利产出与高技术产业增加值创新产出指标弹性系数比较分析，发现对专利产出政府资助为规模报酬递减，高新技术政府资助为规模报酬递增。内生增长理论认为政府研发投入是促进一国内生创新的重要因素，应增强我国的技术吸收能力，使得国内研发投入和技术转移能够获得高效率的产出，更好地提升企业的创新绩效，从而使得国内研发投入、技术转移与创新绩效走上良性互动的反馈机制（李武威，2011）。中国政府研发资助与自主创新能力之间存在较强的相关关系，且构成了长期的均衡关系（徐小阳，2011）。企业是国家的创新主体，我国政府要加大对企业研发的支持力度，调整投资结构，强化企业自主创新的主体地位。学者基于创业板上市公司数据，发现我国政府的研发资助水平偏低，为了使政府研发资助真正起到种子资金的作用，企业可以采取公开竞争机制来获取政府研发资助（张信东和武俊俊，2014）。

近年来，部分学者研究了政府研发资助影响企业创新绩效的方式。黄贤凤等通过研究发现产学研合作研发受到政府研发资助变量显著正影响，企业得到政府研发资助不仅可以提高企业专利申请量，还可以通过促进企业内部研发投入间接促进企业创新绩效提升（黄贤凤等，2014）。政府研发资助与企业创新绩效之间具有相互作用，我国学者通过对省级面板数据的实证分析发现，政府研发资助对企业创新绩效具有促进作用，企业创新绩效对政府研发资助具有抑制作用，且各区域之间对政府研发资助的响应具有区域异质效应，各区域在响应方向、响应速度方面均具有区域差异性（张永安和严嘉欣，2020）。

2.3.3 不同的资助方式对创新影响的比较分析

政府的研发资助主要分为直接资助和间接资助两种方式，学者研究发现政府经费补助直接方式更易对企业创新投入产生“挤出效应”，税收优惠间接方式更易对企业创新投入产生“杠杆效应”，且直接研发方式主要影响人力投入，间接研发方式主要影响企业研发资金投入（周海涛和张振刚，2015）。税收优惠对企业研发投入的影响具有行业差异，中小企业、服务行业、低技术企业与大型企业、高科技企业相比，税收优惠的激励效应更显著（Fulvio Castellacci 和 Christine Mee Lie，2015）。马文聪等（2017）提出政府直接补贴资助、直接税收优惠和间接税收优惠对企业研发投入均有显著的刺激作用，其中直接税收优惠的激励效应最强，三种不同的政策工具均可降低企业研发总成本。基于资源基础观和信号效应理论，研究发现直接资助能有效提升企业基于科学的合作、基于市场的合作以及引进购买；间接税收优惠只对提升企业基于科学的合作研发有效；采用混合资助方式相比单一资助方式对企业采取开放式创新的影响更为显著（陈朝月和许治，2018）。

2.4 政产学研融合创新中的成果转化

建立健全高校科技成果转化机制，是现阶段我国高校提高科技成果转化效率的重要媒介及途径，也是加强与企业的合作、为其提供技术成果、解决技术壁垒的重要枢纽。政产学研融合创新中的成果转化受到许多因素的影响，并且有多种转化路径。

2.4.1 政产学研融合创新中的成果转化影响因素

协同创新这一概念最早由 Peter Gloor（2005）提出，即“由自我激励的人员所组成的网络小组形成集体愿景，借助网络交流思路、信息及工作状况，合作实现共同的目标”。协同创新一般是指企业、高校、科研机构等主体之间制定共同的开发目标，整合人力、资本、技术、信息等创新要素在更加多元化和更高层面上进行合作，通过相互协调和配合来实现技术创新。协同创新可以通过使企业解决自身的资源约束，利用来自其他组织的知识、金融资本、技术和信息来提高企业的创新绩效（Feranita 等，2017）。

高校作为科技创新的重要主体之一，其科技研发成果具有较高的创新性、应用性和市场价值。知识协同创新能力、技术协同创新能力和信息协同创新能力的发展程度构成了政产学研合作协同创新能力的评价指标体系（Min Yang，2015）。高校科研成果转化是一项涉及多项因素的复杂系统工作，高校强大的人力资源为科技研究和创新提供了知识保障，此外国家重点实验室等科技研发平台也为我国的技术研发提供了资源保障。但我国高校的成果转化并不理想，制约了我国整体创新能力的提升，具体影响因素有：科研导向不合理、科技成果转化保障机制有待完善、高校产学研协同创新机制不稳定、高校科技成果转化的中介体系发展滞后（肖荣辉，2018）。高校科研成果转化过程中普遍面临的问题是与产业脱节、缺乏专业的中介服务、科技管理体制支持力度不足、缺乏风险资本投入等（梁梓萱和何海燕，2017）。政产学研联盟作为整合高校与企业之间资源的组织形式，其不同主体的策略选择和协同创新机制都会在一定程度上影响着产业化进程（陈颖，2019）。基于上述影响因素，我们应该更深入地思考科技成果转化方式的有效性问题，找出影响科技成果转化的障碍因素，探索促进高校科技成果转化的有效途径（闫青，2014）。

从企业角度来说，由于大多数的科技企业没有参与高校前期的基础技术研究，这往往导致中期应用高校的科研成果时普遍面对较低的市场回报率。主要体现在企业不愿投入大量资金来维持后续的成果转化，作为“风险厌恶者”，企业风险投资和避险机制不够完善，易导致投资者退出市场机制（杨宝杰和王勇，2019）。由于企业普遍没有充足的科研能力，仅仅依靠自身研发水平是远远无法进行技术创新与升级的，同时我国企业对科技成果转化的关注较少，与各高校之间的协同合作机制并不完善，会造成基础性研究和工程应用间缺乏连接（牛文科，2020）。

2.4.2 政产学研融合创新中的成果转化路径

据统计，当前我国科研成果转化率仅为30%左右，远低于发达国家的平均水平。高校科技成果转化由外部助力和内部驱力共同推动，为走好科技成果转化这“最后一公里”，要求高校在推进科技成果过程中必须确保研发的科技成果能适应当前市场的需要和企业产品水平提升的要求，建立高校和企业之间成果转移的渠道与平台（卜琳华等，2012）。应建立科技成果过转化分类评价体系，尊重学科之间的差异性，构建公平公正的分类评价指标体系；完善科技成果转化保障机制，从宏观和微观两个角度来制定具有针对性的管理措施；创新科技成果转化组织模式，加强高校与企业、政府之间的产学研协同创新，合作共建（肖荣辉，2018）。目标认同是行为协同的内在基础，协同理论下的高校科技成果转化的根本价值目标是实现创新驱动发展，因而基于自组织原理构建高校科技成果转化价值认同体系是关键路径之一；制定目标之后，还需对科研成果转化的相关子系统进行划分，充分发挥政府、高校、企业三个主体的主导作用，在政策指导下实现资源的有效配置；同时还应发挥介导的作用，例如行业协会、科技服务中介和金融机构（文学，2021）。

基于政产学研融合视角，高科技成果转化可以分为以下四个阶段：筹备阶段、工程化阶段、产品化阶段及产业化阶段，这一链条式的运行方案可以在一定程度上解决目前一般模式所带来的政产学研之间交流沟通困难、成果转化效率低、成果转化难度高等问题（于耀翔等，2020）。高校科技成果转化总体上可分为直接实施、合作实施和转让实施三种基本模式，高校和企业之间应形成良好的互动沟通，制定双向协同创新机制，使得高校更容易从多家企业中寻找对其科研成果感兴趣的企业，企业也更容易从大量科技成果中筛选最为合适的成果（李天柱等，2017）。从具体的专利角度出发，企业和高校应以专利为桥梁，打造企业为主导，高等院校、风险投资机构、专利中介机构等多方参与的专利运用协同体（聂林等，2017）。针对企业和高校共同承担的科研项目，高校的科研优势可以有效弥补企业缺乏技术创新和研究人员的短板，提高科研经费的使用效率，减少科研资源浪费。

2.4.3　政产学研融合创新对推动科技成果转化的作用

科技成果转化是指将科技成果从创造地转移到使用地，使使用地劳动者的素质、技能或知识得到增加，劳动工具得到改善，劳动效率得到提高，经济得到发展。高科技企业越来越多地在其他企业工作的基础上进行发展，以满足快速创新的需求。许多高科技企业通过技术改造，把自己的知识产权加入到其他企业的平台技术中，获得突破性创新或者新技术（Timothy M 等，2004）。

在当前科技引领产业创新发展的重要历史时期，有效提升政产学研合作信任，促进科技成果转移转化对于国民经济发展和产业经济创新发展有至关重要的意义，研究发现政产学研基于合作信任机制的协同创新是实现高校科技成果转化的关键基础（吴兆明等，2018）。协同创新的关键组成部分，即共同解决问题、跨学科工作和相互学习对项目设计过程而言非常重要，并对企业员工的工作质量产生了积极的影响（Colin Lindsay 等，2018）。协同创新可以推动技术集成创新，充分发挥高校学科融合和产学研融合发展的优势，实现创新链和产业链的有效对接；协同创新对科技导向机制具有完善作用，高校在研发过程和成果转化过程中会主动面向社会和企业需求；协同创新有助于搭建成果转化平台，实现科研成果由实验室向产业、经济、社会的全方位渗透（董玉宽等，2018）。在产学研比重、技术进步、产业结构、对外开放这几个因素中，产学研协同创新对科技成果转化的效用最为显著，协同创新水平低是在成科技成果转化效率低的主要原因（李杰和郭杰，2016）。新技术从研发到投入市场的周期正逐步缩短，这对高校和企业之间的分工协作的依赖程度达到了前所未有的高度。政产学研融合创新模式可以将企业需求导向与技术创新驱动有机结合，不仅可以定向培养产业技术人才，还能加强基础研究与工程应用的衔接，促进科技成果工程化（梁梓萱和何海燕，2017）。

2.5 政产学研的耦合关系

政产学研合作创新已经成为国家层面的战略意志，关于如何更好地推动产学研合作研究，是学术研究共同关注的焦点。产学研协同创新作为提升国家创新水平的一种新的组织模式，仍面临企业和高校目标认知不一致、缺乏引导和监管等问题，政府作为“监管者”，可以构建政产学研协同创新系统来引导高校和企业的创新活动（张俊霞，2015）。

2.5.1 政产学研协同创新机制

“协同”是指系统中各子系统相互协调、合作或同步的联合作用及集体行为，结果产生了“1 +1 >2”的协同效应（Haken H，1983）。政产学研协同创新系统由若干子系统组成，包括政府、企业技术创新子系统、高校（科研院所）知识创新子系统，子系统中又包含了各种要素，如资金、人才、设备、信息等。政产学研用成功提升企业竞争力是一个连续的动态递进过程，依次经历利益诉求趋同、创新平台成功建立、项目研发和产业化成功、政府与市场二元驱动此消彼长四个关节点，在此基础上，选择合适退出方式、构建永续运行机制有助于政产学研用协同持续创新（原长弘等，2015）。研究发现，政府、企业和高校三者对彼此的影响各不相同，企业受到政府和高校参与意愿的影响较小，高校则受到政府参与意愿的影响较大；此外，企业和高校之间对彼此影响的大小不对称（吴洁等，2019）。政府应增大对高校科研的资金支持力度，让高校充分发挥带头作用，吸引更多企业参与协同创新系统。政产学研协同创新系统是一个开放系统，各子系统之间存在相互作用，这也是政产学研协同创新系统形成有序结构的内在原因，即其具有一定的自组织特性。自组织理论是在一般系统论基础上建立并发展而来的一种系统理论，其研究对象是复杂开放系统的自组织过程，其核心思想是指远离平衡状态的复杂开放系统内，各要素在序参量的主导下产生非线性动态交互作用，促使系统整体向有序方向发展，进而适应外部环境的变化（Haken H，2006）。

“耦合”是物理学概念，在软科学领域也有广泛应用，主要是指两个或两个以上的实体相互依赖的一个量度。政产学研创新系统耦合是产学研合作水平及创新能力的综合体现（李成龙和刘智跃，2013；曹霞和宋琪，2014），知识作为合作创新最重要的战略资源，在创新要素的互动与交流中产生放大效应。李成龙、刘智跃（2013）认为应从四个方面加强产学研创新系统耦合程度，即物理系统耦合、知识基础耦合、管理系统耦合和文化价值耦合四个维度。在此基础上，曹霞、宋琪（2014）构建了产学研创新系统耦合与产学研主体知识进化的理论分析框架，揭示了产学研耦合互动的创新机理。增强政产学研跨界合作的耦合效应是一个复杂的过程，关键在于政产学研之间的耦合效应比较弱、结构性条件不合理，应加强供给侧结构性改革以促进政产学研融合，推动不同创新主体重新进行功能定位与最优配置；提高企业基础研发能力和技术吸收能力，这是促进政产学研耦合关系形成的强大动力之一；建构大学—产业—政府三螺旋协同创新的伙伴关系，更加重视打通机构领域之间资源共享、成果转化的通道（李培凤，2018）。基于政产学研耦合互动的知识创新机理，想要提高系统的创新绩效，就要建立基于知识管理的过程管理机制，将知识管理过程渗透到合作研发耦合的每一个环节；构建有利于耦合互动的利益分配制度，有效激发企业和高校创新合作的积极性，实现多方利益最大化（李成龙和吴瑞岩，2011）。

2.5.2 政产学研合作动因

基于交易成本视角，产学研合作的各主体有共同的研发目标，同时为了实现自身利益最大化，尽可能降低成本。基于资源依赖理论，企业与学研机构之间存在着资源与能力的相互依赖性。对于企业而言，鉴于高校和科研院所在人力资源、先进的仪器设备资源、科学产出、技术转移和科技平台上的重要支撑功能，产学研合作可以提高创新效率、加快企业创新速度。基于组织学习理论视角，产学研合作是企业资源获取、互动交流、互惠的首选方式，实际上为企业提供了良好的学习机会（Şendoğdu 和 Diken，2013）。从知识的独占性和共享性出发，知识已经成为决定现代企业生存、发展的最关键的战略性资源，政产学研合作可以有效提高知识的转化效率，更好地适应市场需求。政产学合作进行技术创新可以分担研究开发成本、分散风险，同时能促进知识在合作伙伴之间的流动，获得合作伙伴的技术专长（段淑芳，2009）。另外，自“基于科学的创新”提出以来，企业创新成果产出对基础研究的依赖变强，企业不再是基础研究成果的应用者，而要成为基础研究的参与者（Lundvall，1992）。从产业经济的角度，企业参加政产学研合作有以下原因：技术创新的发展需要新的风险分担机制，降低研发风险是企业寻求研发合作的重要动机之一；可以应对技术及市场的快速变化，企业与其他研发力量组合在一起，以优势补偿劣势；政产学研合作是企业掌握自主知识产权技术、增强企业核心竞争力的需要（秦军，2011）。

对于高校而言，一方面，产学研合作是源于明确应用导向的基础研究探索，高校在对技术创新支持的过程中获得知识反哺，会开发更加接近市场和具有产业应用价值的技术，知识结构得到优化（叶伟巍和梅亮，2014）；另一方面，高校可以获得科研经费支持。与此同时，产学研合作提供了高校知识优势转化为经济效益的途径（刘友金和易秋平，2017）。高校主导型产学研合作模式具有以下优势：有助于形成强劲的科技创新和产业研发实力，促进产学研人才高频互动，有利于强化高校对企业的支持作用，成为企业的“技术支持中心”（刘继红，2016）。

2.5.3 政产学研合作阻碍

政产学研合作创新主体面临的首要问题是公有知识和私有知识受到不同的制度规范管理（Bruneel J 等，2010）。科研人员在研究和开发两项活动的最优时间配置以及权衡基础研究和应用研究项目资源配置上存在冲突，从时间配置上来看，过多参与企业委托项目会挤占高校基础研究投入，带来科学研究的“偏移”现象，且不利于公开发表高质量论文，给学术研究带来不良后果（Campbell 和 Clarridge，2002；Thursby 和 Thursby，2007）。知识产权冲突和利益分配一直是政产学研合作创新中关键而又矛盾冲突的问题，高校科学研发成果一般为公开性知识，随着高校技术转移办公室的建设以及科技激励政策对高校科研人员科研努力的影响，科技成果商业化逐渐成为热点。高校科研人员的努力动机具有学术—商业的二元价值，且其内在逻辑不是独立的，而是二者相互影响。知识本身的属性与知识隐匿具有较高的相关性，知识复杂性是影响知识共享的关键要素（Connelly 和 Zweig，2012；Connelly 和 Zweig，2015）。复杂知识阻碍组织间知识共享，知识复杂性越高，与仪器设备的关联性越强，因此，知识的复杂性越高，越不利于政产学研合作的顺利进行。

地理距离也会阻碍跨区域的政产学研合作，研究发现，虽然地理距离对专利产出的影响不显著，但对新产品产出有显著的负向影响。为了有效提高政产学研合作的创新绩效，需要考虑地理距离这一因素的不同影响，在政策制定的时候，应考虑产业特性的影响，鼓励企业根据产业特性，选择适宜地理距离的合作伙伴（陈光华等，2015）。此外，制度性壁垒也会阻碍政产学研合作，目前我国专业技术人员分布不均，影响人才资源的合理配置，中小企业的科研人员不稳定，人员的频繁变动不仅会对企业的知识产权形成威胁，还会使产学研合作过程中无法形成稳固的合作关系（李发福，2008）。

第 3 章

产学研合作发展情况调查——以陕西为例

基于课题研究需要，开展“陕西产学研合作发展情况调查”，旨在梳理陕西产学研合作现状，分析产学研合作对陕西创新发展的影响，了解陕西产学研合作面临突出问题以及政策诉求，为地方政府相关部门优化陕西产学研合作和制定相应政策体系提供参考。

3.1　陕西产学研合作发展概况

随着中国经济进入增速放缓、结构优化的“新常态”，过去依靠要素和投资驱动的经济增长已不适应国家发展诉求，依靠创新和技术驱动推进经济增长被摆在国家发展战略位置上。国家“十四五”规划纲要指出：要坚持创新在我国现代化建设全局中的核心地位，把科技自立自强作为国家发展的战略支撑，深入实施创新驱动发展战略，进一步强化以企业为主体、市场为导向、产学研深度融合的技术创新体系。与此同时，陕西省《关于深化产教融合的实施意见》提出，要依托龙头骨干企业联合高校建设“四位一体”等政产学研合作新型研发平台，以市场为导向，开展联合攻关，鼓励高校、科研院校与企业组建产教联盟，提升产学研协同创新能力。政府鼓励产教深度融合旨在解决跨行业跨领域关键共性技术问题，带动中小企业融入大企业产业链，有效统筹行业上下游创新资源，集中力量突破核心技术零部件、先进基础工艺、关键基础材料等一批“卡脖子”技术，提升产业整体竞争优势，推动产业链上中下游、产学研融通创新。

陕西自实施产学研合作以来，成效显著，成果斐然。政府研发投入方面，为激励产学研各方合作积极性，支持产学研合作稳步推进，2019 年陕西省政府研发投入达 216.71 亿元，同比增长 0.8%，总体来看，政府科技投入自 2010 年以来呈渐进式增长态势（见图 3－1）。创新产出方面，2019 年，陕西省综合科技创新水平指数达到 67.04%，位居全国前列，科技进步贡献率达到 59.2%，有效期内高新技术企业数量 4 371 家，净增 1 233 家，创历史最大增量。2019 年，陕西省专利授权量达 44 101 件，同比增长 6.3%，有效发明专利总量 46 190 件，同比增长 17.4%，每万人发明专利拥有量达到12.043件，居全国第七位。2019年，获得包括省最高科学技术奖、自然科学奖、技术发明奖和科学技术进步奖等奖项共计263项。创新成果转化方面，全省技术合同交易额自2011年以来年均增长100亿元以上，2020年技术合同成交量为52 036项，技术合同成交额为1 758.95亿元，其中技术合同交易额为1 227.30亿元（见图3－2），技术合同成交额排名全国第六。分行业来看，电子信息、新能源、航天航空、先进制造业等产业已成为陕西省技术交易的主要产业，这些行业的技术合同交易额累计达980亿元，占陕西省技术合同成交总额的80%。另外，为促进产学研协同创新成果的转化，陕西省以项目为抓手，一方面设立科技成果转化计划，重点支持获国家和省科学技术奖；另一方面实施“百项科技成果转化项目行动计划”探索科技成果转化新路径新模式，逐渐形成符合市场经济规律以及科技创新规律的科技成果转化体系。

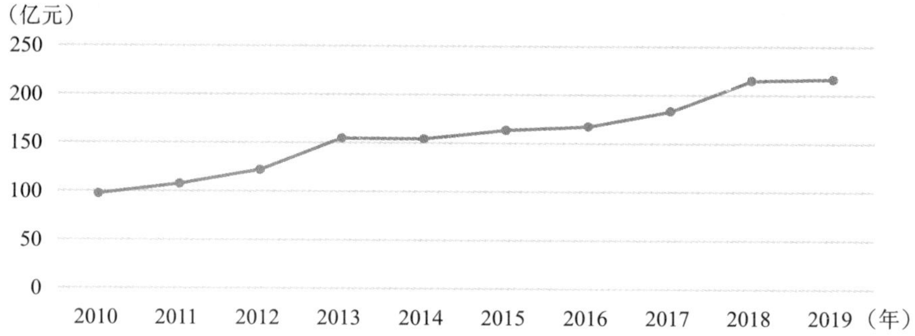

图3－1　陕西省历年政府研发投入（2010～2019年）

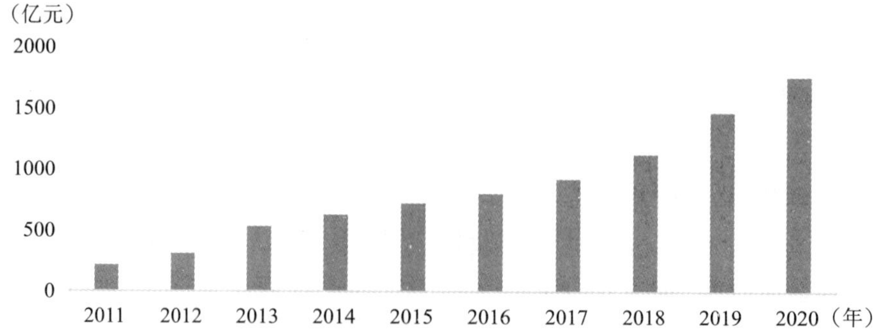

图3－2　陕西省历年技术合同交易额（2011～2020年）

提升陕西企业创新能力与创新绩效，促进陕西省经济高质量发展需要不断优化产学研协同创新的外部环境，通过多重有效手段增强产学研各方的协同程度。要加强产学研协同创新的制度设计，完善和细化绩效考核和激励体系，解决企业有效需求不足的问题；加强产学研政策的制定，出台规范产学研协同创新的规章制度以及促进产学研协同创新发展的优惠政策，进一步推动产学研协同创新发展的政策环境建设；围绕产业链构建产学研协同创新联盟，完善产业链协同创新机制，建立具有公信力和影响力的协同创新信息交流平台，以推动产业集群和创新生态系统的发展，增强产业的优势，促进产业整体实力的增强。

3.2 调研情况

3.2.1 调研计划

如表 3 -1 所示，自 2021 年 7 ~8 月初，重点走访了大学云集、企业相对聚集的西安市长安区和高新区，对西安邮电大学、西安科技大学、西安比亚迪电子有限公司、陕西省交通建设集团等陕西高校、国企和民企进行走访调查，侧重了解高校参与产学研合作的现状、高校参与产学研合作的原因及方式、影响产学研深度融合的因素、企业对产学研合作效果的效果评价以及企业对产学研合作的政策诉求，调查方法主要包括问卷调查和实地走访等。

表 3 -1　　陕西省产学研合作调查计划表

时间	重点政产学研走访调研	主要工作内容
2021 年 7 月 3 日	小组成员开会	准备调研资料
2021 年 7 月 7 日	西安邮电大学	了解高校参与产学研合作的现状
2021 年 7 月 12 日	西安科技大学	了解高校参与产学研合作原因及方式

续表

时间	重点政产学研走访调研	主要工作内容
2021 年 7 月 17 日	西安比亚迪电子有限公司	了解影响产学研深度融合的因素
2021 年 7 月 22 日	陕西省交通建设集团	了解企业对产学研合作的效果评价
2021 年 7 月 27 日	华天科技有限公司	了解企业对产学研合作的政策诉求
2021 年 8 月 2 日	小组成员开会	整理调查问卷，总结工作

3.2.2 调查样本结构

此次陕西省产学研合作调研，共调查高等院校 88 所和企业 80 家，问卷发放数量分别为 88 份和 80 份，有效收回 88 份和 80 份。通过对陕西省高校及企业进行走访，充分了解陕西省产学研合作方式、沟通频度和合作满意度等核心要素，为推进陕西省产学研深度融合以更好服务陕西高质量发展提供相应借鉴。

从受访企业所有制看（见图 3 - 3），国有企业占比 52.5%，民营企业占比 46.25%，其他性质企业占比 1.25%。相比而言，国有企业是产学研合作中企业一方的主力军，由于私营企业的第一发展要义是追逐市场利润，因而它们参与到产学研合作中更多冀望于企业市场竞争力和效益的提升。

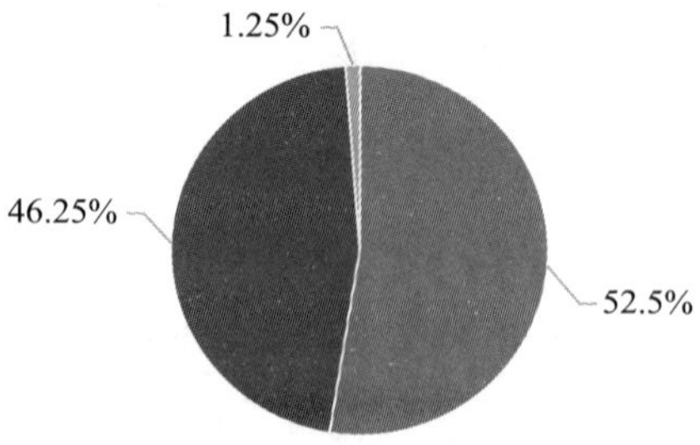

图 3 - 3　受访企业所有制结构

从受访企业行业性质看（见图 3 - 4），教育培训行业有 3 家，占比 3.75%；IT/互联网行业有 7 家，占比 8.75%；金融行业有 9 家，占比

11.25%；新能源/新材料行业有 10 家，占比 12.5%；房地产/建筑行业有 12 家，占比 15%；机械/制造行业有 4 家，占比 5%；贸易/交通/物流行业有 10 家，占比 12.5%；电子/通信行业有 8 家，占比 10%；制药/医疗行业有 5 家，占比 6.25%；其他各类行业有 12 家，占比 15%。

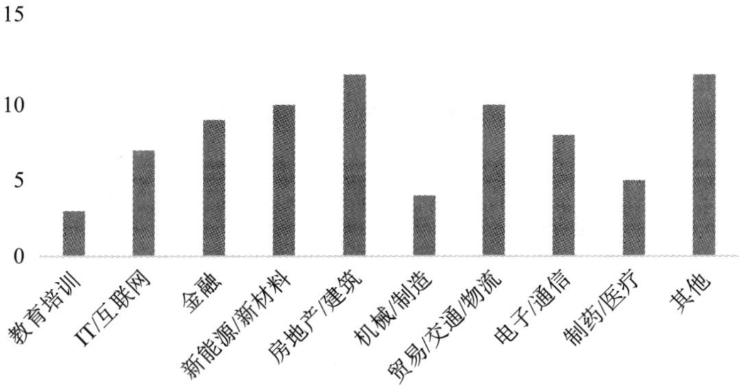

图 3-4　受调查企业行业性质

3.3　调查问卷分析（高校）

3.3.1　高校参与产学研合作经历

如图 3-5 所示，在调查的高校中，有产学研合作经历的高校占绝大部分，占 89.77%。没有产学研合作经历的高校占 10.23%。随着时代的发展，我国对科技创新的要求越来越高，尤其是一些核心技术急需突破，产学研合作将企业外部的知识、创新、研究力量与企业的开放力量相结合，可以有效解决我国企业技术创新能力差的问题，高校的合作是十分具有积极意义的。

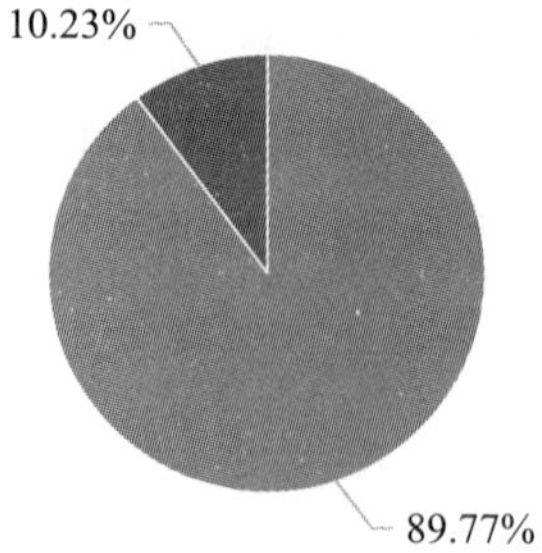

图 3－5 受访高校参与产学研合作经历

3.3.2 高校对产学研合作重要性的认识

三方有机结合可以优势互补、互惠互利、共同发展，对中国人才培养、科技开发和生产活动有着极高的积极意义。从图 3－6 数据中可以看出，75% 的学校认为开展产学研合作对高校非常重要，认为比较重要的有 20.45%。高校对产学研合作总体上都是重视的，大部分高校认识到产学研合作的优势，只有少数的高校认为其重要程度一般或者不重要。

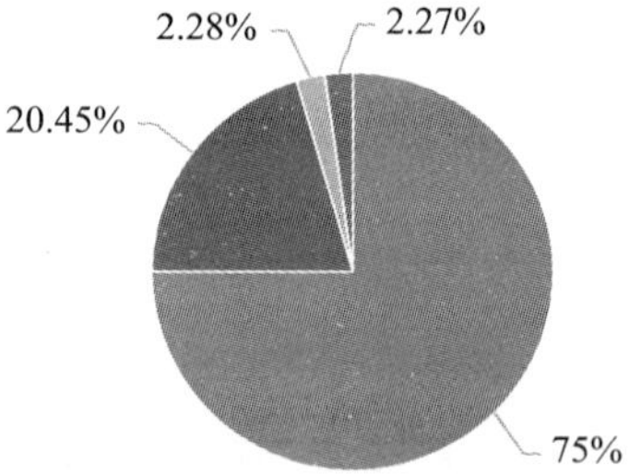

图 3－6 受访高校对产学研合作重要性的认识

3.3.3 高校参与产学研合作时间

陕西产学研合作模式在这些年来被更多人认识和重视，如图 3－7 所示，有 53.41% 的高校开展产学研合作在 5 年以上，这个比例占到了一半多一点，这些高校在较早的时候就认识和接触了产学研合作这一模式，并且一直坚持了下去。但还有近一半的高校接触较晚，2～5年的有27.27%，这些高校接触的稍晚一些。1年以下的高校有5.68%，这些高校才刚刚开展合作。

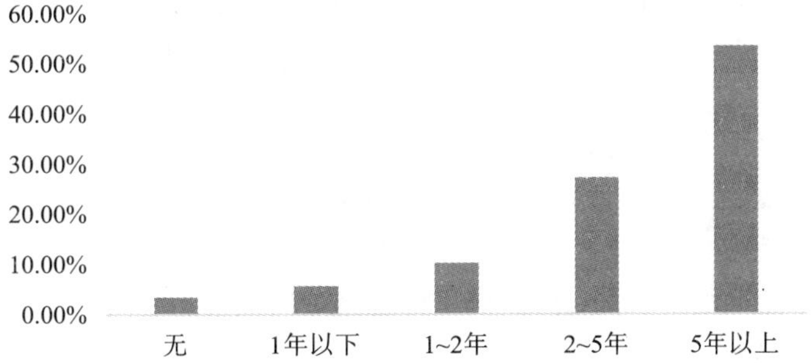

图3－7 受访高校参与产学研合作时间

3.3.4 高校参与产学研合作的信息渠道

如图3－8所示，高校参与产学研合作的信息渠道来自于多方面，最主要的是通过个人联系，高校愿意主动寻求合作的信息资源。企业上门和政府推动也是高校获取产学研合作信息的重要渠道，中介机构牵线搭桥也占有一定的比例，还有一些少数的其他信息获取渠道。

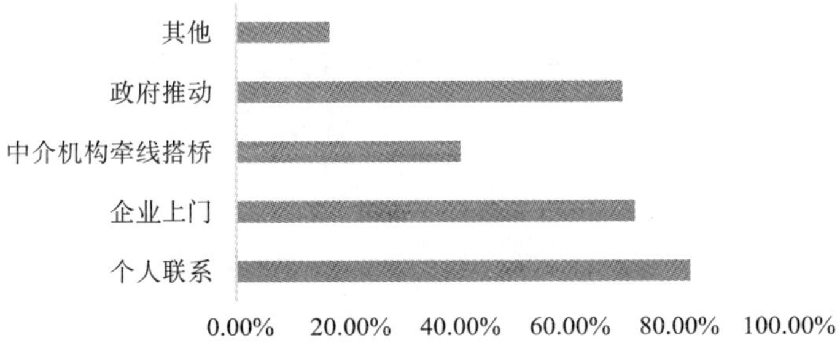

图3－8 受访高校参与产学研合作的信息渠道

3.3.5 高校参与产学研合作的原因

在陕西，产学研合作的推动者是多方的，高校是其中之一。如图3－9

所示，高校参加产学研合作最多的原因是希望为高校培养应用型人才，紧接着的原因是希望提升教师实践能力和提升科研成果转化率，可以看出高校参加合作更多的是为学校本身考虑。除此之外，原因还有政府政策引导，从选择的数量可得出政府在其中起了不小的推动作用。希望获取充足的科研经费、提升高校知名度和一些其他原因也是高校合作的原因。

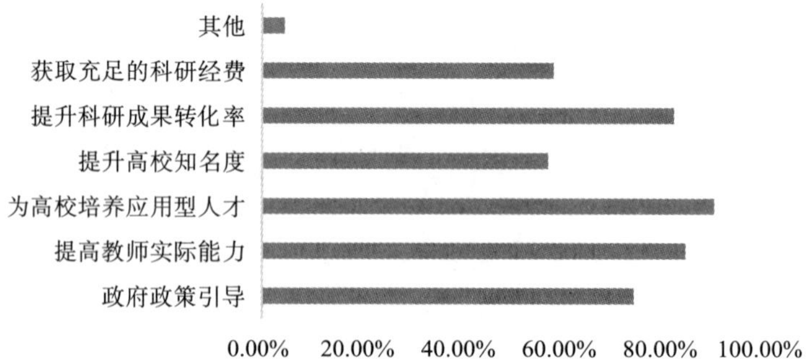

图 3-9　受访高校参与产学研合作的原因

3.3.6　高校参与产学研合作的方式

如图 3-10 所示，高校参与产学研合作的方式是多种多样的，各方一起发挥自己的优势，进行或深或浅的合作，其中最多的是签约校外实习基地。之后便是联合攻关申报项目，开展横向合作课题研究。此外还有联合设立研究机构、为企业员工开展培训、技术成果转让等产学研合作方式。

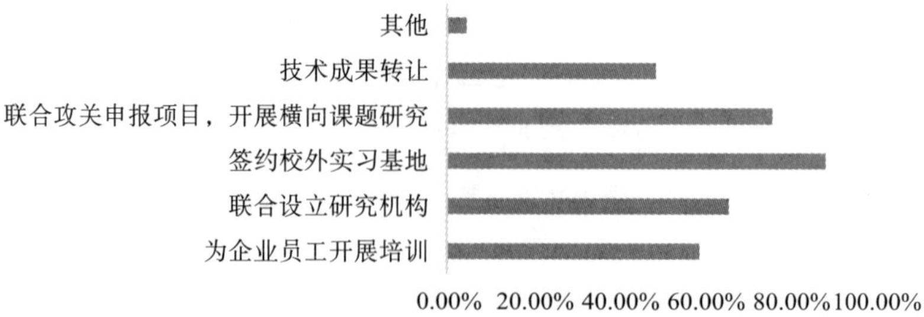

图 3-10　受访高校参与产学研合作的方式

3.3.7 高校在产学研合作中沟通频度

在产学研合作中，沟通是十分重要的，好的沟通会让合作的效率、效果和继续合作的可能性提高。如图 3－11 所示，我们可以看出有 79.55%的高校在产学研合作中会经常沟通，总体上高校在合作中是经常沟通的，但是还有 15.91%的高校沟通较少，3.41%的高校很少沟通，1.14%的高校甚至没有沟通，这对合作是很不利的。

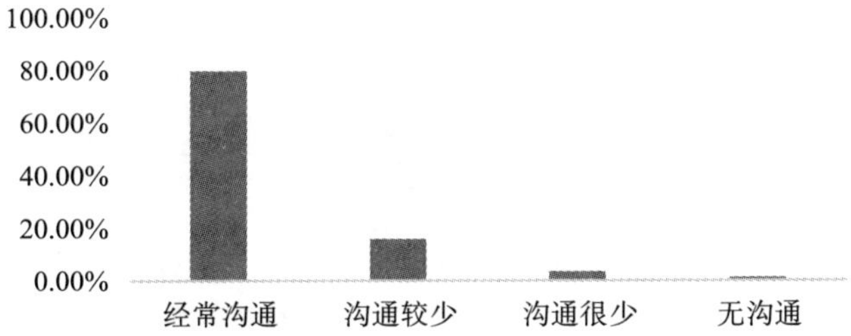

图 3－11 受访高校在产学研合作中的沟通频度

3.3.8 高校对产学研合作效果满意度

如图 3－12 所示，有 26.14%的高校对产学研合作效果很满意，48.86%的高校对合作效果是满意的，对产学研合作满意的高校是占主要部分的。认为产学研合作效果一般的高校有 22.73%，没有认为不满意的，但有 2.27%的高校对产学研合作效果很不满意。

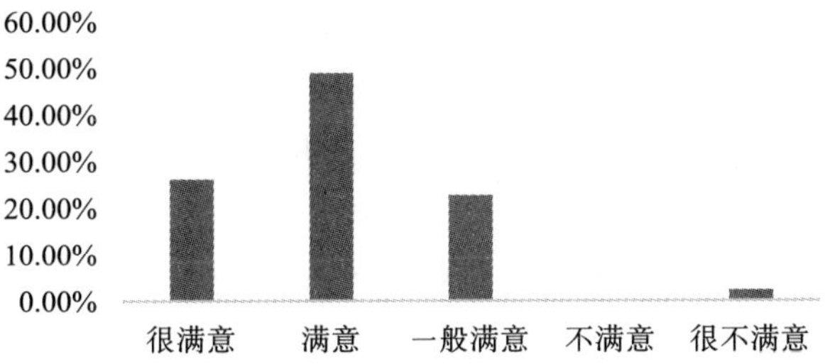

图 3－12 受访高校对产学研合作效果满意度

3.3.9 制约高校深度参与产学研合作的因素

如图3－13所示，制约高校深度参与产学研合作的因素有许多，来自于多方多角度，这些都是当前产学研合作需要解决的问题，其中排第一的是合作渠道与形式相对单一，第二是科研经费投入不足。之后还有企业参与度不高、产学研合作机制不健全、产学研政策法规支持不足、缺乏相应的激励机制、信息沟通渠道不畅、对企业技术需求缺乏了解、各方职责不明确利益分配不均衡等问题。

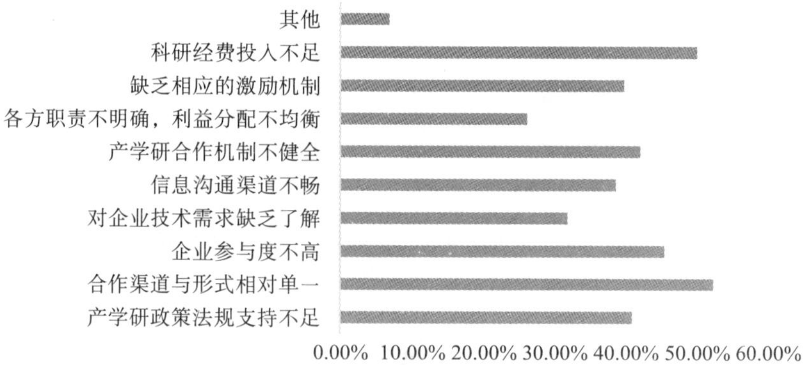

图3－13 制约受访高校深度参与产学研合作的因素

3.3.10 高校希望企业方提供哪些服务或支持

在高校和企业这一条关系中，秉持合作共赢的原则，高校最希望企业能合作参与各类研发课题的制定。如图3－14所示，高校对共同参与科研成果转化、提供各类技术应用讲座与培训和创新资源共享的期望大致相同。除此之外，高校和希望得到来自企业的经费支持和一些其他帮助。

3.3.11 高校对推进产学研合作的政策建议

高校在自身产学研合作的经历中发现了许多问题，目前不完善的政策

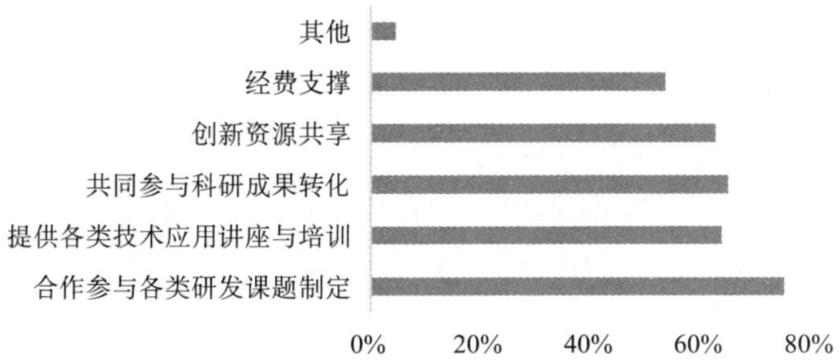

图 3-14　高校希望企业方提供的服务或支持

是其中的一部分，其中排第一的是希望加强政府政策引导，实施完善政策法规，排第二第三的是希望创新多元化产学研合作形式和希望搭建产学研合作的信息沟通平台。还有希望加强高校基础研究投入、完善科研评价机制、构建风险共担与利益共享机制等建议，如图 3-15 所示。

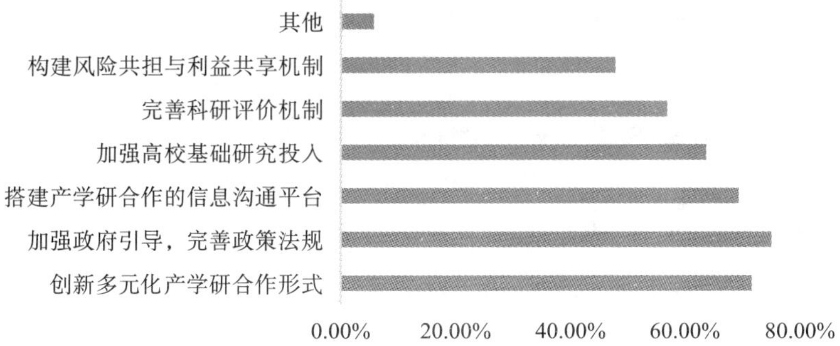

图 3-15　高校对推进产学研合作的政策建议

3.4　调查问卷分析（企业）

3.4.1　企业对产学研合作重要性的认识

如图 3-16 所示，55% 的企业认为产学研合作对促进企业发展有非常重要的影响，这类企业占比最高；33.75% 的企业认为产学研合作对促进企业发展有比较重要的影响；11.25%的企业认为产学研合作对促进企业发展的影响一般，目前尚无企业认为产学研合作对企业各方面发展不重要。企业拥有技术产业化能力和销售市场渠道，高校和科研院所拥有技术、人才、实验室等创新资源，通过产学研合作可以集聚学研机构创新资源于企业，及时转化高校科技成果满足企业技术需求，帮助企业突破技术难点。

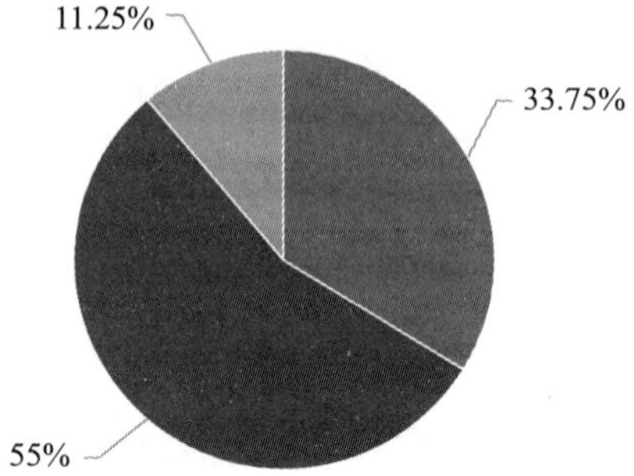

图3－16　受访企业对产学研合作重要性的认识

3.4.2　企业参与产学研合作时间

如图3－17所示，受访企业中参与产学研合作时间在1~2年的数量最多，占比达32.5%；参与产学研合作在2~5年、5年以上、1年以下的企业分别占比30%、22.5%、10%，仅有5%的企业未有产学研合作经历。总体来看，陕西产学研合作时间并不太长，这反映出政府政策引导和宣传推广还不深入人心，产学研合作各方积极性仍有待提高，产学研合作政策贯彻落实还不到位等问题。依托产学研合作平台，政产学研双方可以通过资源共享、共同研发等途径实现优势互补，进而增强双方创新意愿和能力，而这些任务和目标的达成都需要时间来磨合。

3.4.3　企业参与产学研合作的原因

如图3－18所示，受访企业表示，提升技术研发水平、增强企业创新竞争力以及政府政策引导是其参与产学研合作的主要原因，提高员工技能

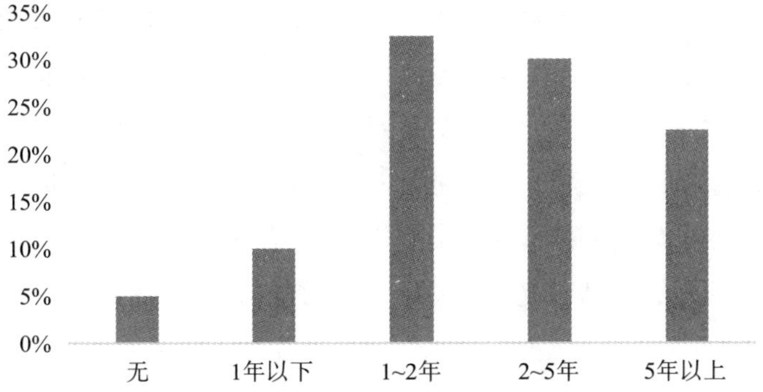

图 3－17　受访企业参与产学研合作时间

和水平、降低研发风险与缩短研发周期这些附带而来的益处是次要原因。根本上讲，企业参与产学研合作旨在提升其技术创新水平，实现包括产品创新迭代、材料性能升级、改良生产设备等技术目标，从而突破企业发展瓶颈。由于企业与高校之间存在的信息壁垒，因而符合企业技术需求的、理想的合作对象并不易找寻到，政府的作用在于牵线搭桥，为双方合作构建起良好的认识渠道和交流平台，奠定双方合作基础和条件。

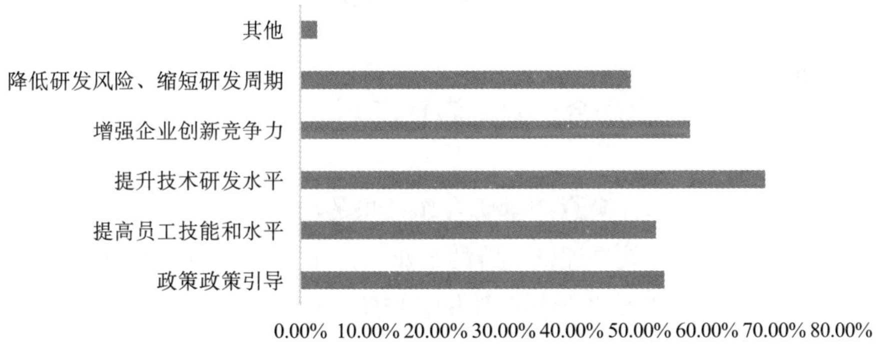

图 3－18　受访企业参与产学研合作的原因

3.4.4　企业参与产学研合作的方式

如图 3－19 所示，排在企业参与产学研合作方式的前三位分别是为高校提供先进设备、委托高校进行技术开发及参与人才培养方案设计与实施，后三位分别是与高校联合进行科技攻关、为高校提供科研经费以及为老师提供创新平台。通常，企业会通过两种方式实现技术开发，一是联合开发即企业投入资金、人力，高校投入人力和设备共同就某项目开展科研攻关，二是以项目方式将所需的技术委托给大学和科研单位进行独立的研究开发。这种半紧密型的产学研合作模式，有效地将学研机构的研发优势与企业的市场化优势结合起来，更好实现了产学研各方的资源共享和优势互补。

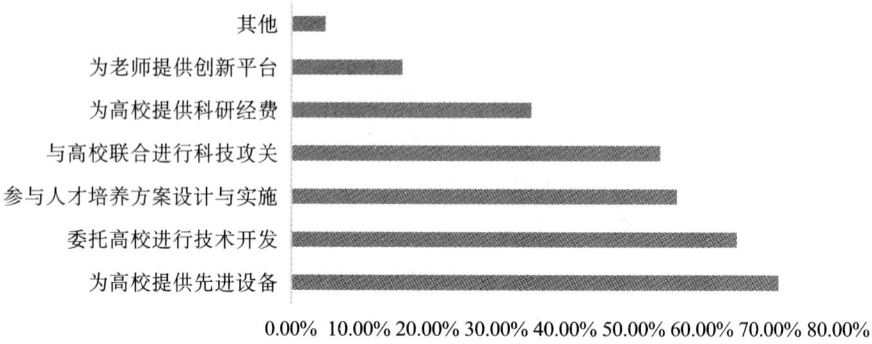

图 3-19 受访企业参与产学研合作的方式

3.4.5 企业对产学研合作效果满意度

如图 3-20 所示，满意产学研合作效果的企业占比最高，达 37.5%；其次是对产学研合作效果评价一般的企业，占比 35%；对产学研合作效果很满意以及不满意评价的企业分别占比 15%、12.5%，尚无企业对产学研合作效果很不满意。多数企业对产学研合作较为满意的直接原因在于，企业通过产学研合作实现了生产要素的新组合，通过技术创新获得了经济效益，提升了企业自身技术水平；相关知识产权保护政策的迟滞、合作各方权责利关系的制度安排不到位以及充当桥梁作用的科技中介服务的缺失，使得企业在科技成果转化进程中的应有权益难以得到有效保障，由此造成企业对产学研合作不满评价。

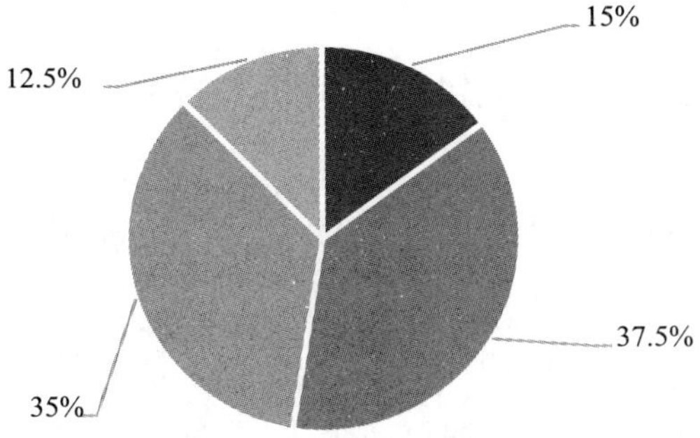

图 3－20　受访企业对产学研合作效果满意度

3.4.6　制约企业深度参与产学研合作的因素

如图 3－21 所示，“各方职责不明确与利益分配不平衡”“信息沟通渠道不畅”及“产学研合作机制不健全”排在制约企业深度参与产学研合作因素的前三位，后四位依次是“合作渠道与形式相对单一”“高校缺乏技术开发主动性”“产学研政策法规支持不足”与“科研经费投入不足”。从内部驱动机制来看，利益分配机制是产学研合作长效驱动的关键所在，其合理性取决于是否坚持“利益共享与风险共担”原则；从外部驱动机制着眼，政府应发挥其官方引导的撬动作用，完善产学研融合相关政策法规为其营造良好外部环境，同时注重化解合作阻碍因素，设法扩大合作的有利因素，扮演好产学研合作的辅助者和服务者角色。

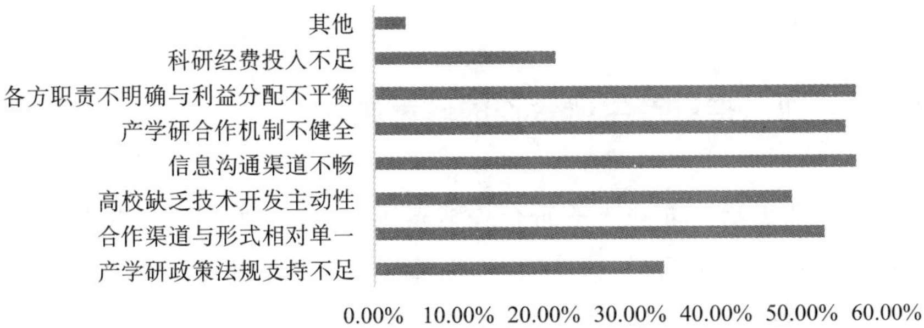

图 3－21　受访企业深度参与产学研合作的制约因素

3.4.7 企业希望高校方提供哪些服务或支持

作为企业方，在产学研合作中最希望高校根据企业实际需求与其联合开发研发课题，其次是为企业开发新产品、应用新技术和新工艺，再次是为企业开展义务宣传活动，扩大企业知名度，最后是在企业开设各类讲座，为企业提供知识积累以及通过在企业建立技术咨询室，为企业提供技术咨询服务。无论企业参与产学研合作与否，经济效益始终是企业追求的首要经营目标，但受限于技术、知识、人才等创新资源的短缺，企业在复杂激烈的竞争中难以抽出大量财力人力精力到研究当中，故而重大技术难题会横梗在企业技术创新的道路上，而借助高校所具备的先天优势，企业可以快速获取最新科技成果，从而在市场化中得到远超于成本的回报和收益，如图 3－22 所示。

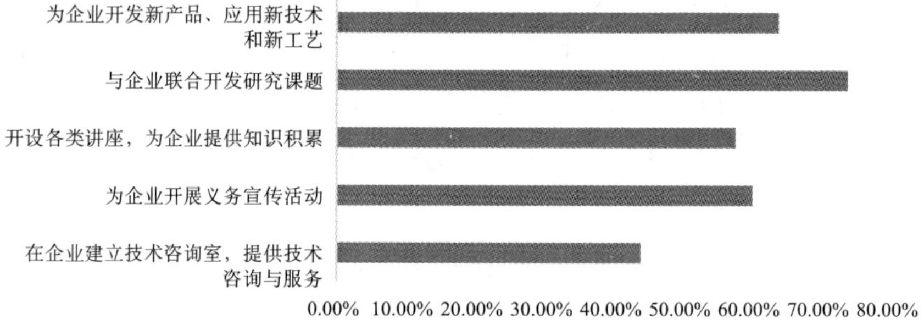

图 3－22 受访企业希望高校方提供的服务或支持

3.4.8 企业对推进产学研合作的政策建议

受访企业表示，推进产学研合作要遵照木桶原理，从局部着眼全局，及时补齐短板、强化弱项。一方面，发挥政府服务者的作用，通过政策引导产学研各方建立合作关系，适时完善产学研政策法规、加强知识产权保护以维护各方合法权益，从法律法规层面为合作推进保驾护航；另一方面，发挥政府协调者的作用，通过直接或间接方式搭建起信息沟通的合作平台或科技中介服务机构，帮助合作各方及时沟通、发现问题和解决问题，从而促进合作各方优势互补、创新资源共享及效用最大化，如图 3 - 23 所示。

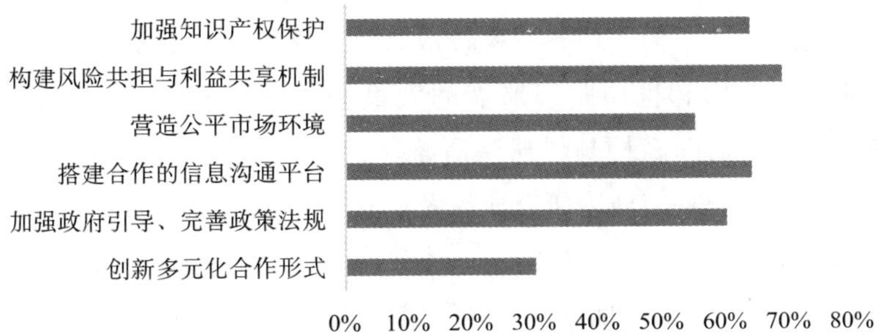

图 3 - 23　受访企业对推进产学研合作的政策建议

3.5　陕西产学研合作发展对陕西创新发展的影响

在高质量建设创新型省份进程中，陕西省坚持把产学研合作摆在突出位置，大力推进产学研协同创新，加快构建以企业为主体、以市场为导向、产学研深度融合的技术创新体系，促进科技与经济紧密结合。《陕西省人民政府办公厅关于深化产教融合的实施意见》明确指出，要构建产教融合发展格局，加强产教融合需求对接，促进教育链、人才链与产业链、创新链有机衔接，培养高水平创新型、技术技能型人才，提高技术创新能力，加快科研成果在陕转化。陕西省大力推进产学研合作发展，能有效促进创新要素与生产要素的衔接融合，有助于促进科技成果转化、驱动技术创新、提升地区创新绩效、创新人才培养和加速产业升级，提升陕西省的创新整体效能。

3.5.1　促进科技成果转化

产学研合作是整合企业、高校与科研院所等创新主体资源，促进科技成果转化的重要途径。国家政策层面对产学研合作主体地位进行了明确规定，明确了高校和科研院所作为科技成果源头提供者的角色定位，明确了企业在科技成果转化、推广及技术创新上的主体地位。陕西省搭建产学研合作平台，可以加强高校科研院所与企业的沟通，改变各方互不了解的局面，消除信息壁垒，为实现高校科技成果转化建立基本条件；帮助解决科技成果研发、试用和推广阶段所需的大量资金，奠定成果转化的经济基础；使企业可以借助高校与科研院所雄厚的研发实力与优秀的科技人才，为企业提供所需的基础理论研究成果及商业化研究成果，高校与科研院所可以利用企业所具有的产业化能力，实现科技成果市场化。作为利益共同体的产学研各方，在共同承担科技成果转化带来的风险的同时，可以分享科技成果的市场化回报与利益，进一步加深产学研创新链与产业链的耦合。

3.5.2 驱动技术创新

技术创新，是经济发展最根本的推动力，也是产学研合作的最终目标指向。大体上讲，产学研合作主要通过技术转让和联合/委托开发的形式推动企业技术创新。一方面，高校和科研院所将研发所形成的技术以商品的形式销售或租借于企业，借由企业之手完成相应的产品化；另一方面，企业通过联合或委托高校科研院所开发新技术的模式参与到技术研发过程中，企业为高校和科研院所等技术研发机构提供充足的科研经费，而技术研发机构则提供相应的人才、知识和器材等方面的支持，从而既避免了高校科研成果与实际产品之间的差距，同时也弥补了企业无法独立完成技术研发的劣势。陕西省推进产学研融合，可以将企业外部的研究开发力量与企业自身的研究开发力量相结合，弥补企业在基础研究、知识创新方面的不足，提升企业的原始创新能力。

3.5.3 创新人才培养

产学研合作不仅是促进科技成果的转化和加强社会多元主体联系的动

力机制，更是创新人才培养的重要途径和实现人才强国战略的动力机制。陕西省鼓励产学研合作对于培养创新人才有着重要的作用。首先，产学研结合可以让产学研各方共同承担生产、教育与科研任务，有效地改变原有师资队伍知识、能力和素质结构，真正实现理论与实践的有机结合。其次，产学研合作教育将生产、科研中出现的新技术、新成果及社会经济发展前沿的课程纳入教学计划，可以使学生更多地了解学科发展的前沿态势，有助于学生形成有力的知识体系及创新思维。最后，产学研结合对学生解决实际问题的综合分析及创新能力提出更高要求，学生要学有所成，更要学以致用、实践创新，为更高层次的研发创新打下坚实基础。

3.5.4　加速产业升级

陕西省是传统产业占比较大的省份，面对日渐激烈的市场竞争，传统产业往往存在技术装备落后，产品技术含量不高、市场竞争力不强等种种问题，要转变陕西省经济发展方式，必须加快完成传统产业的转型升级。杨丹（2007）认为，产业转型升级要依靠新知识，实现产业的高技术化，产学研协同创新对促进产业升级的作用主要体现在三个方面，首先，企业可通过与高校科研机构共同研究，研发出新技术以促进产业工艺的改造；其次，通过共同研究可实现对高新知识的扩展，研发新产品；最后，通过共同研究，可提升高校科研人员的科研能力与实践能力，向产业升级输出充足的人力资源。在产学研协同创新网络中，高校与科研院所的科技成果是传统产业转型升级的不竭动力，无论是知识创造基础上的原始创新成果，还是现有产品基础上的技术革新，都将促进产业转型升级。

3.6 陕西产学研合作发展问题分析

3.6.1 政策调整相对滞后

以交易费用理论来看，产学研合作实际上是一种市场交易行为，从选择合作伙伴、开展合作到分享合作成果过程中都会产生交易费用。科斯定理认为，交易费用不为零时，不同的权利界定和分配会带来不同效益的资源配置，良好的制度安排是优化资源配置的基础。而产学研合作作为一项试图降低交易成本的制度安排，其顺利达成和有效运作又需要第三方即政府的合理规制，因此政府在产学研合作创新中起到了重要的作用。虽然陕西省先后出台了《陕西省人民政府办公厅关于深化产教融合的实施意见》《优化创新创业业态着力提升技术成果转化能力行动方案（2021—2023）》等一系列支持产学研合作创新的政策，但政府优惠支持政策的相互配套和具体操作层面的措施还不完善，现有政策未能适时解决产学研合作中浮现的利益冲突、知识产权归属和技术转移等问题，已出台政策的落实情况也有待加强。总体而言，陕西政府未能充分发挥其在产学研创新中的协调和管理作用，从而影响了陕西省产学研合作创新的发展。

3.6.2 利益分配不均导致合作不畅

陕西省产学研利益分配不均问题表现在两方面，第一，企业依靠高校与科研机构基础研究突破带来的新技术、新知识，极大提升了自身技术创新水平和能力，获取了丰厚市场回报，并在此基础上按合同协议将市场利润分享给高校与科研机构，使基础研究得以继续推进，但忽视基础研究持续投资及缺乏利益保障机制，高校与科研机构基础研究未实现可持续投入，进而无法稳定供给企业创新所需知识技术，造成创新链断裂。第二，为保障研发成果高效产出，陕西省政府投入大量研发资金，但并未达到预期目标和效果，即高校与科研机构研发成果未能实现市场化显性回报。现实情况来看，高校与科研机构科研评价和职称评审过于看重论文、专利和课题项目数量，却对知识成果是否具有应用性和市场价值重视不高；从本位主义视角来看，高校科研人员项目申报多以经费获取为目的，较少注重项目研究价值和着眼陕西省发展难题，导致科研经费大量滥用。

3.6.3 系统动力不足导致创新低效

陕西省产学研系统创新动力不足，受三方面因素影响。首先，陕西省高校基础研究薄弱造成技术创新乏力。基础研究位于创新链上游，其重大原创性突破会推动企业技术创新和产业转型升级，但对基础研究重要性认识不到位、基础研究投入强度不足、优秀基础研究人员和高端领军人才严重匮乏等因素，削弱了陕西产学研创新动能。其次，跟踪模仿和技术引进导致陕西企业创新意愿和能力低下。长期以来，一些陕西企业依赖跟踪模仿和技术引进加快追赶超越，短期内节省了大量科研及试制经费，占领了一定的庞大市场份额，取得了丰厚利润，但同时也衍生了创新惰性、自主研发能力不强等隐形问题。最后，知识产权保护不力削弱了创新竞争积极性。陕西层面知识产权保护法律法规亟待完善，执行层面产权保护制度可操作性不强，利益分配规定缺乏相关实施细则等，技术供给方和技术需求方既得利益缺少有效保护，严重阻碍创新系统优化升级。

3.6.4 企业尚未成为产学研创新主体

发挥企业在技术创新中主体作用是增强企业竞争优势、实现科技和经济有机结合的主要来源，是推动企业持续创新、提升地区乃至国家自主创新能力的核心力量，是落实创新驱动发展战略和建设创新型国家的重大战略要求。现实情况是，陕西企业并未发挥出应有的创新支撑作用，创新投入方面，陕西企业在科研经费、科技成员及科研基础设施等方面的投入比重仍显不足；创新决策方面，陕西企业在创新目标制定、创新方案设计及实施、创新需求导向等方面尚不具备主导权；科研组织方面，陕西企业未主导创新平台建设、创新组织管理、创新制度和结构的设计等任务。除此外，在科技成果转化、创新收益分配上，多数陕西企业也未能发挥主导型作用。宏观意义上，陕西企业未成为产学研创新的主体，导致了企业创新能力和创新绩效水平的相对低下，影响力陕西经济社会的发展。

3.6.5 科技中介服务体系不完善

为加速科技成果向现实生产力转移转化，进一步提升科技成果转化的过程服务能力，陕西省鼓励科技中介服务机构发展，在建立科技中介服务体系上积累了一定经验，为陕西省科技成果转化和产业化做出了重要贡献，但科技中介服务机构和技术市场目前仍处于发展阶段，服务体系和服务能力不能满足产学研合作发展的要求，这主要表现在三方面：其一，科技中介服务机制不健全，非营利性机构、公益性机构等新型运行制度尚未完全得到推广实施，科技中介服务机构与其他经贸中介机构的划分不够清晰，没有行业特点和具体实施细则及标准。其二，链接服务需求与有效供给的“科技托”的作用不突出，陕西省科技中介服务的主流业务仍处于低水平、简单的“牵线”中介服务，针对高端技术创新支持、资源链接等服务内容非常缺乏。其三，科技中介服务能力有待加强，陕西省科技经纪人、科技咨询师等专业服务队伍还未成长起来，科技中介服务机构及人员专业能力不强，服务经验不足，业务素质难以满足产学研合作的发展需求。

3.7　陕西产学研合作发展政策诉求及优化建议

3.7.1　加强政府引导，适时进行政策更新

良好的创新生态环境是以企业为主体的产学研创新顺利运行的重要支撑。促进产学研合作发展，要加强政府政策引导，首先，完善产学研融合相关政策法规，加大政策支持力度和经费投入强度，进一步推动产学研创新发展的政策环境建设。其次，跟进形势发展，适时进行政策更新，不断健全知识产权保护体系，加强知识产权监管力度，严惩窃取他人知识成果违法行为；加强技术转移环节法律法规建设，保障高校和科研机构技术转移收益，保护企业技术产权，推动产学研合作稳健发展。最后，从调动成果转化各创新主体的积极性出发，制定可衔接可操作的实施细则，从政策上最大限度支持企业创新，促进全省技术、人才、知识等科技资源与产业、资本、土地等创新要素的深度结合，实现科技成果供给与需求、技术与资本的有效对接。

3.7.2　构建合理的风险分担与利益共享机制

伴随产学研合作深入发展，陕西产学研系统逐渐显现出利益分配不均的弊端，阻碍产学研创新效能，因而构建合理的风险分担与利益共享机制尤为重要。首先，要使高校和科研机构将企业技术创新市场回报及时输送到基础研究工作上，需要围绕基础研究建立起利益保障机制，并使高校科研机构充分认知到基础研究的技术支撑作用，从而自觉保障基础研究领域资金充足。其次，解决高校科研机构研发成果缺乏市场回报机制问题，一是建立市场导向科研评价机制，催生更多应用性研发成果，二是建立科技成果评估机制，以科学性和客观性原则严格考核研发成果工作质量、学术

水平、实际应用和成熟程度，并在此基础上奖优惩劣，遏制部分科研人员经费滥用行为。最后，破除政府研发投入——产出效益低下瓶颈，要双管齐下，在投入端，引导科研方向瞄准陕西重大战略需求和社会经济发展目标，提升陕西省科技竞争力，释放创新红利，为陕西省高质量发展动能转换提供技术支撑；在产出端，改变以往只重立项过程而忽视管理过程和成果验收做法，对科研项目进行价值评议、可行性评议以及绩效评估，严格科研项目管理制度，为科技创新提升优化路径设计。

3.7.3 加大高校基础研究投入，完善科研评价机制

伴随产学研合作进程加快，陕西高校与科研机构在基础研究领域取得了一定进步，整体研究水平有所提升，但要全力深化创新型省份建设，依然需要提升科研水平和竞争能力。因此，加强基础研究投入，夯实科技可持续发展根基，仍是陕西省高校与科研机构的工作重心。一方面，加强基础研究投入力度，重点培养创新型科技人才，重点布局一批重大前沿交叉项目和关键技术突破项目；另一方面，积极与国外高校交流合作，扩大外籍研发团队引入比例，不断提高国内高校与科研机构科研水平。同时，及时完善科研评价机制，引导科研人员朝着产学研合作目标努力。一方面，调整科研评价标准，改变“一刀切”评价倾向，形成多元化评价体系，既要注重论文、专利数量和质量，也要根据市场需求和陕西省发展战略，关注科技成果有效转化率和应用程度，将科研成果的实用性、市场价值纳入职称评定、绩效考核标准中；另一方面，兼顾科研人员诚信精神考察，严惩失信失德科研人员，让诚信原则和科学精神内化为科研人员行为准则和精神追求，从而营造一个风清气正的科研环境。

3.7.4 强化企业主体地位，鼓励企业创新竞争

产学研合作旨在将知识转化为现实生产力，向市场提供新产品、新服务，这一合作机制中，高校和科研机构承担知识产出的职能，企业扮演知

识转化和应用的角色，因而实现科技成果转化为现实生产力并最终走向市场有且只有依靠企业，这就需要强化企业在产学研合作中的主体地位，一方面，高校与科研机构的广大科技人员在研究前中后要主动倾听企业需求，甘当创新配角；另一方面，产学研合作总体计划的确定、目标需求的提出、资源的整合等应有企业决定。同时，针对产学研发展实践中暴露出的企业创新动力不足、能力不强问题，政府部门要加快向服务和监管职能转变，激发企业创新的市场活力和自主积极性。一方面，降低市场准入门槛、建立约束和规范市场主体行为的市场规则、加强反垄断和反不正当竞争执法、全面落实公平竞争审查制度，营造起公平竞争市场环境；另一方面，实施财税优惠，建立银行、保险、科技部门共担风险的投融资体制，让企业在创新决策、研发投入、成果转化评价等环节自己做主，引导企业加大研发投入，鼓励创新发展。

3.7.5 健全科技中介服务体系

科技中介服务是一种典型的知识密集型服务，其不仅能实现政府与产学研合作中各方主体之间的上下沟通，促进科技成果从高校和科研机构向企业转化，而且能加强科技资源的流动，优化资源配置，规范和监督各方主体的行为，保障公正、良好的产学研合作外部环境。加快陕西科技中介服务体系建设，首先，要加大政府扶持力度，设立陕西省科技中介服务体系建设专项资金，用于全省科技中介服务体系建设的政策法规制定、发展规划研究、骨干科技中介服务机构和公共科技信息平台建设。其次，着力建设一批为产业集群经济技术创新服务的科技中介服务机构，建立健全科技中介服务类的行业协会和学会，以发挥联系高校科研院所与企业的重要桥梁和纽带作用，从而以点带面，起到良好的辐射带动作用，树立起示范效应。最后加强对科技中介服务机构从业人员和管理人员的学习和培训，把从业人才学习和培训作为促进科技中介服务机构发展的一项基础性工作来抓，培养和造就一批懂技术、会管理、熟悉市场经济的科技服务管理与经营人员。

第 4 章

政产学研融合的历史演化

政产学研是政府、企业、高校和科研机构四大创新主体在科技研发和技术创新领域中，充分利用各自比较优势达成相互协作，以自主创新驱动效率要素提升，实现创新成果的转化和应用。在耦合过程中，不同主体扮演的创新角色也各不相同（见图4－1）：政府作为政策的引导者和科研的投入者，提供政策法规服务和研发经费投入；企业作为技术产业化转换和创新竞争力提升的核心，以市场竞争为基础，推动产业升级；高校和科研机构以基础研究撬动技术应用开发，驱动产学研创新价值链升级。十九届五中全会提出，要坚持创新在现代化建设全局中的核心地位，深入实施创新驱动发展战略，以政府引导撬动高校与科研机构的基础研发，以高校研发支持企业技术创新，以市场竞争优化创新升级，形成政产学研创新驱动体系。以新中国建国初期、改革开放、加入WTO和开启新时代为历史坐标，分析中国政产学研在不同阶段的演化轨迹，为健全新时代政产学研耦合创新机制，强化创新主体的科技贡献，赋能政产学研系统的创新驱动力，提供理论解释视角。

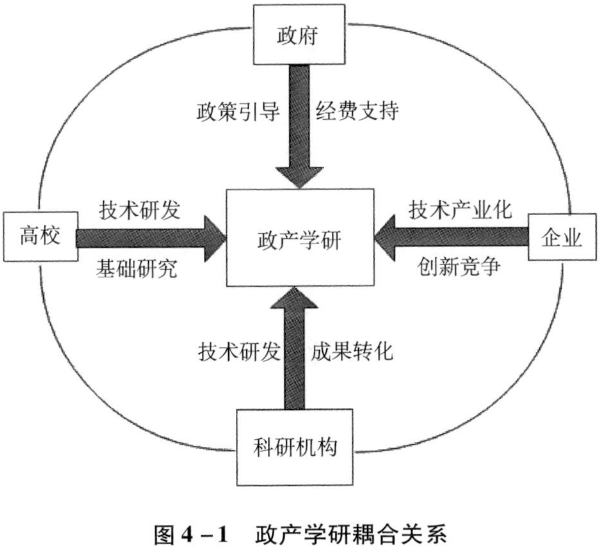

图4－1　政产学研耦合关系

4.1 新中国成立初期：百废待兴下的初步创新合作探索

新中国成立初期，百废待兴，和平的国内环境推动各行业发展逐步迈向正轨：经济方面，国家开始着手进行社会主义三大改造；高校教育方面，高校教育重整旗鼓，蓄势待发，助力推动新中国创新崛起；科研机构方面，一大批煤炭、钢铁等专业型的科研机构纷纷建立，以满足工业化发展的迫切需要；政府方面，通过召开一系列相关科技会议、颁布推动科技发展的相关政策，使科技创新成为中国社会主义事业建设初期的重要驱动路径。

4.1.1 企业的创新发展

社会主义改造后，国营经济逐渐成为当时中国社会的经济基础。为推动中国工业化进程，理论层面，国家领导人将马克思主义工业化理论同中国社会实际相结合，探索出一条优先发展重工业，协同发展轻工业的发展道路；技术层面，国有企业通过积极引进国际先进制造业技术，同时强化自身研发能力，实现了中国由农业国向工业国的巨大转变；企业管理层面，通过不断增加国营经济投资规模，改变原有零散式的工业结构，使中国初步建立起相对独立和完整的工业体系。

4.1.2 高校的创新发展

为满足国家经济建设和工业化发展的迫切需要，高校层面以科研为主要任务，在缺乏研究经费和科研器材的条件下，增设哈尔滨工业大学、北京科技大学等一大批工科类院校，大力增加冶金、钢铁、石油等专业数量和招生人数，以适应当时中国的重工业发展道路。在具体科研层面，以解决工业发展中的实际问题为导向，以紧密契合生产建设为指引，产生了世界第一台弧形连铸机、人工合成牛胰岛素等一系列科技创新成果（雷朝滋，2019）。同时，为了有效解决我国军事装备和军备设施落后的问题，党和政府先后将原子能、喷气技术、火箭、造船等国防尖端专业作为我国高校科研的重点，从而为之后的“两弹一星”工程奠定了坚实的基础。

4.1.3　科研机构的创新发展

新中国成立初期，党和国家所面临的最大问题就是恢复和发展生产力。为了解决这一问题，党和国家在工业化的发展过程中，建立了一大批科研机构和专业型研发机构，利用科学技术的巨大作用来反哺经济，推动国民经济迅速恢复。1949 年 11 月，新中国成立仅一个月，国家就做出了成立中国科学院的决定。此后，又相继建立了煤炭科学研究总院、重工业部钢铁工业试验所、石油科学研究院等重工业领域的专业研究院所，迈出了中国科技创新之路的“第一大步”。截至 1957 年，全国共有 500 个科研机构，科技研究人员达 2 万多人。

4.1.4　政府的创新引导

在新中国成立之初，党和政府通过一系列政策和会议对全国的科技创新工作进行相应部署，并减少相应的行政审批制度，增强科技工作者的积极性和科研自由度。在科技创新会议方面，1950 年 8 月，全国自然科学工作者会议的召开，为新中国确立了发展的科技路线和方针，并提出科技创新要遵守为人民服务的宗旨，要坚持同中国的国家建设实际相结合；1951 年，中共中央召开知识分子的专门会议，提出“向科学进军”的口号，极大地调动了全国科技工作者的工作热情。创新政策引领层面，国家第一个五年计划明确提出要大力发展工科、理科等科技教育，培养科技创新的新生力量；同时在 1956 年，国家制定了《1956 – 1957 年全国科学技术发展远景规划》，通过对世界科技发展现状进行分析，全面而深刻地评价了中国当时的科技实力和创新能力，并从 13 个方面提出 50 多项国家科技创新的重要任务，同时对新中国的基础学科建设和科学研究人才培养做了重要部署。

处于经济和科技的初步建设时期，政产学研的创新发展体系相对独立，四大创新主体开始探索初步合作创新机制，完整的合作机制和协同框架有待进一步发展。然而这四大创新主体的快速发展和创新能力的提高使中国改变了过去“一穷二白”的贫困面貌，推动中国建立起相对独立和完善的国民经济体系和工业体系。钢铁、电力、石油、煤炭、化工、机械、轻纺等行业得到了大力发展，钢铁、石油、煤炭等资源产量逐年增加（见图 4－2），从而助推中国经济保持较高速度的增长。

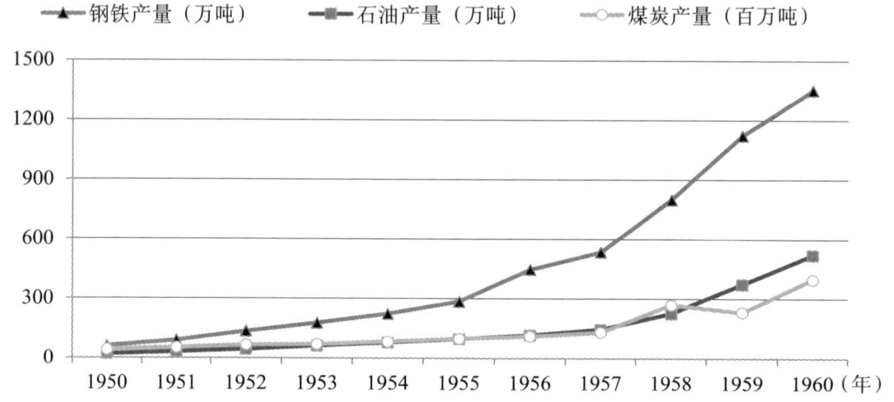

图 4－2　中国钢铁、石油、煤炭年产量（1950～1960 年）

4.2　改革开放初期：以内向创新驱动政产学研合作快速成长

1978 年，十一届三中全会的召开开启了中国改革开放新篇章，中国开始进入社会主义现代化的建设时期，“科学技术是第一生产力”的发展理念逐渐深入人心，政府、高校、科研机构、企业根据自身的角色定位和创新作用充分发挥自身的优势以推动政产学研合作机制的建立和发展（黄明东等，2017）。政府层面，以科学技术体制改革为导向，以科教兴国战略为引领，以创新激励政策为手段，为政产学研提供政策支持和引导；高校层面，随着改革开放引领工业化进程的突飞猛进，高校科研体系逐渐迈向成熟，推动政产学研的进一步融合；科研机构方面，改变了过去仅重视重工业领域创新研究，忽视其他行业发展的创新探索模式，开始向多领域、深层次的科研发展体系迈进；企业方面，一方面，通过产学研的合作模式进行科技成果的转换和应用，另一方面，提升企业自身的自主创新能力，实现内外创新的有机融合。

4.2.1　企业的创新成长

改革开放改变了以往国有企业和“一家独大”的发展模式，以国有企业为基础，民营企业经济和科技中小型企业多元化发展的新体系开始大放异彩，为企业的创新发展积累了肥沃土壤。国有企业层面，国家通过扩大国有企业的经营自主权，并通过股份制改造，使国有企业拥有相对自主的创新环境。在创新体系构建方面，国有企业瞄准世界科技发展前沿，不断加强自我创新，尤其是在装备制造、高新科技产业等重大领域有了质的突破，并占据主导地位，成为我国科技自主创新的领头羊。改革开放后，市场经济的发展为众多民营企业带来了福音，民营企业在市场中的作用愈发增强，在创新体系中的主力军作用愈发明显，而且伴随着产学研合作体系的初步建立和市场机制的不断优化，通过吸收高校和科研机构的创新成果，民营企业的规模不断扩大，科技成果转化数量逐年增加，为中国的工业发展注入了新鲜活力。

这一时期企业对政产学研机制的作用主要表现为：①作为科技创新的最前沿阵地，企业通过引进高质量人才和高级管理模式，通过其自身的成长进行自主创新模式的探索；②作为政产学研机制的核心，通过政府的政策引导和高校和科研机构的技术支撑，企业逐步走上了优质科技成果转化的道路，通过科技成果转化，增加企业的经营能力和创新能力，同时以物质资源反哺高校和科研院所，打造迭代升级的产学研融合创新体系。

4.2.2 高校科研体系的完善

随着高考制度成功恢复，中国高等教育改革也逐渐拉开序幕。社会主义市场经济的发展推动中国高等教育步入快速发展期，在科教兴国战略的引领下，高校迅速成长为中国发展创新的重要源动力。1978 年，以“尊重知识、尊重人才”的谈话和科学技术司的成立为高校科研团队注入了一剂“强心剂”，推动高校创新研究走上由恢复到稳步向前的发展路径；之后，中央通过创新高校科研“重点建设，整体布局”的新思路，开始探索面向市场经济，实现基础研究、重点战略、新技术三者有机融合的规划设计（柳卸林和何郁冰，2011），并于 1984 年决定建设国家级重点实验室，于 1986 年设立国家自然科学基金。高校创新发展的面貌焕然一新，涌现出银河 - Ⅰ、银河 - Ⅱ和银河 - Ⅲ为代表的银河巨型系列机、杂交水稻、转基因羊等一系列高校创新成果。

这一时期高校对政产学研机制的作用主要表现为：①高校科研创新的主体地位得以确立，自主权和选择权得以扩大，为打造高校与研发机构、高校与企业的产学研耦合发展提供了广阔天地。②高校科研创新体系日渐成熟。高校科研的经费投入逐渐增加，从而提高了创新内生驱动力，促进科技成果产出和产业融合，以产学研合作体系为基础的重大科学技术成果数量逐年攀升（见图 4 - 3），产学研合作机制初见成效。③高校科研队伍发展壮大，高校数量和招生人数的增加推动高校科研的数量和质量上升到一个新阶段。

4.2.3 面向市场和未来的机构创新改革

改革开放是科研机构创新发展的根本动力，新中国成立初期，科研机构将目光主要集中于钢铁、煤炭、石油等重工业领域，目的在于通过研发创新实现钢铁产量的增加和石油、煤炭开采量的增加，以满足中国初期建设的资源需求。改革开放后，科研机构在我国科技创新体系中的核心地位

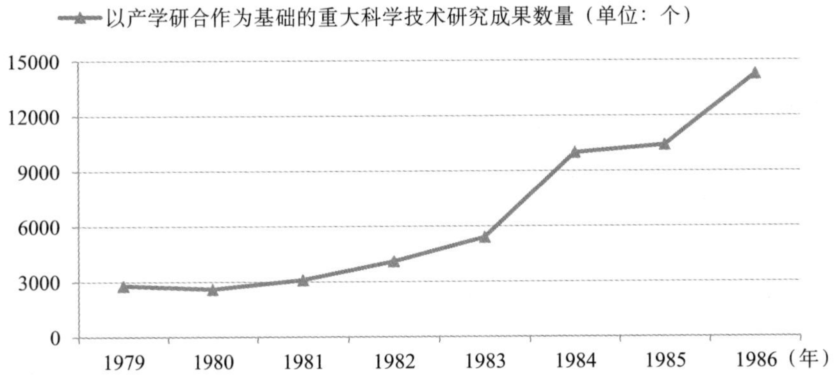

图4-3　以产学研合作体系为基础的重大科学技术成果数量（1979~1986年）

愈发明显，为了更好地满足国家进入高速发展的各种所需，科研机构也开始进行改革，1985年3月，《中共中央关于科学技术体制改革的决定》推动了我国科研机构面向经济建设的改革路径，以承包制为核心，扩大科研机构的自主权，拓展科研机构的研究范围和渠道，逐渐向电子行业、制造行业等现代产业方向拓展。

这一时期科研机构对政产学研机制的作用主要表现为：①科研机构的基础研究开始加快，政府通过"863""火炬"等创新计划，以基础研究和高技术研究带动高新技术转化，为政产学研的提供技术支撑和转化联动；②科研机构的自主性加强，改革开放打破了政府包办科研机构的体制，增强了国有科技机构的自主性和积极性，同时允许集体和个人建立科学研究或技术服务机构，扩大了科技研究的参与基数，强化了政产学研的耦合效应。

4.2.4　政府的创新引导和激励

作为推动技术创新和科技进步的主导力量，政府政策的激励作用对创新体制的发展效果十分明显。1978年全国科技大会的召开，确立和巩固了科研工作人员对国家创新发展的核心作用，深化了科学技术是第一生产力的创新观念，成为改革开放后中国科技创新发展的新起点。同时，政府发布《1978—1985年全国科学技术发展规划纲要》和《关于科学技术体制改革的决定》，通过对多个领域的科技任务做出部署，并将电子计算机、能源、农业、新兴技术等薄弱专业放在科技发展的突出位置，同时对科技管理体制、国家重点项目管理、科研经费管理等具体科研政策进行改革，促进科研创新体制的系统化和规范化运营。

这一时期政府对政产学研激励的主要特点是：①经济上宏观调控与科技上市场调节相结合，在发展社会主义市场经济的背景下，对于一般的科技创新项目，国家主要通过市场机制来调节，允许个人、机构、企业之间进行技术转让和交易，推动产学研的合作机制实现初步发展；②外部技术引进和内部创新竞争相融合，改革开放需要全方位、多角度的“引进来”和“走出去”相结合，而国有先进技术的引进和借鉴成为科技创新体系发展的一大特色。同时国家通过“国家技术改造计划”“国家科技攻关计划”“星火计划”等一系列科学技术规划，推动我国技术创新事业的发展（林迎星，2003）；③科研人员和科研环境相配套，市场经济的高速发展为中国的科研环境提供了丰富的物质土壤，国家通过加强科研基础设施建设，改善科研环境，加大科研投入，同时增加科研工作者的社会地位和工资待遇，有力契合了优秀创新人才同优秀科研环境相结合的创新理念。

改革开放使中国开始面向世界，博采众长，开始转向由计划经济向市场经济的发展道路。处于经济建设高速发展的时期，政产学研的创新发展体系开始走向耦合联动的发展道路，初步建立起以政府政策为引导、以高校和科研机构为支撑、以企业为核心的政产学研合作机制和协同框架，四大创新主体通过初步的合作解决了中国发展的创新动力机制问题，充分调动起各自的积极性，推动中国现代化建设向高质量发展迈进。

4.3 加入 WTO 后：内外创新驱动结合下的机遇与挑战

经济全球化是 21 世纪世界经济发展的主流趋势，中国积极顺应这一发展潮流，并于 2001 年加入世界贸易组织（WTO），推动了中国经济体制改革和社会主义现代化建设，并为中国的技术进步和市场竞争创造了广阔的发展前景，尤其是在创新体制的建设上，以政产学研融合机制为指导的四大创新主体通过更高层次的耦合效应驱动中国自主创新能力提升，主要表现为高校与企业的创新融合、科研机构与企业的创新融合、政府对高校的创新激励、政府对企业的创新引导以及政府对科研院所的创新管理五大方面。

4.3.1　高校与企业的创新融合

中国融入全球化的过程是一个学习和借鉴的过程，随着中国对外开放的程度不断加深，通过借鉴国外优秀高校创新经验和企业协同创新模式，高校愈发注重科技成果转化对接企业技术创新模式的建立。高校和企业的创新融合主要依赖产学研的合作机制。产学研耦合机制以企业的技术需要为导向，通过高校一端的技术研发和科技创新，实现新理论、新技术的产出，再通过企业一端的对接转化，并对新技术进行市场营销和需求检验，从而实现科技成果转化和技术创新，提高企业生产效率。

改革开放 20 多年的发展和沉淀，高校的基础研究积累和科研人才储备已经完成了量的积累，开始在科技创新领域尤其是在科技成果转化方面有了质的提升。高校为企业的发展提供技术支撑和理论支撑（陶诚等，2019），企业为高校科研成果的研发和转化提供经费支持、市场支撑和技术平台等优势资源，实现二者的创新融合发展。2010 年，产学研合作项目首次突破 10 万项（数据来源：2011 年全国技术市场统计年度报告），面向市场需求的产学研耦合机制推动技术交易的双向主体地位更加突出，并出现了以厦门大学深圳研究院、武汉大学苏州研究院为代表的一大批“产、学、研”合作研究院，为推动中国产业升级和转型做出了重要贡献。不仅如此，高校和企业共建科研实验室也成为科技创新的一大亮点，高校和企业一方提供优秀的科研人才，另一方提供先进的实验设备，从而推动高校和企业的创新融合。但同时，由于高校内部的创新潜力和科研实力没有得到完全释放，企业对技术的需求仍以粗犷型的技术进口为主，高校与企业在合作驱动力、科研经费投入、创新激励机制和利益分配机制仍存在缺陷，产学研的耦合机制仍需进一步强化。

4.3.2 机构与企业的创新融合

作为科技创新和技术研发的主体，过去科研机构的导向是“指哪打哪”，基本上与国家的重要需求相挂钩，国家的需求在哪里，科研机构的研究方向就在哪里。然而随着科研机构的数量逐年增加，技术研发实力逐年攀升，那么势必会产生科研机构的创新溢出效应。而随着国家民营企业和高科技产业的发展，科研机构纷纷开始与企业建立创新耦合机制。企业层面充分利用科研机构的创新溢出，既实现了创新资源的合理配置和创新红利的充分释放，又为企业的发展提供了技术支撑和科研导向，弥补了企业在科技研发一端的不足。同时，科研机构的专门化也为不同企业的创新发展提供了技术依据，助推全行业的产业升级和改造。以四川金路集团股份有限公司与中国科学院金属所研究合作共同进行技术开发、宝钛集团与金属所签署科研合作协议为代表的科研机构和企业共同创新的合作模式在中国迅速发展起来，有效推动了国家综合自主创新能力的提高。

4.3.3 政府对高校的创新激励

改革开放后，社会主义经济建设迈上新台阶，国家经济实力得到了显著提升，但是处于社会主义现代化建设初期，国家建设的方方面面都需要大量的物质资源，高校作为其中一个方面，随着高校招生数量和高校科研水平的提升，需要国家给予大量的科研经费支持，然而由于“蛋糕”的规模有限，参与分配的主体众多，因此高校层面所获的经费极其有限，一定程度上对阻碍了高校的科研创新发展道路。加入 WTO 之后，中国迈向国际市场的脚步加快，并且凭借自身的优势，迅速扩张经济实力，国家财富和居民收入不断增加，“蛋糕”越做越大，政府对高校科研创新的投入也逐年增加，高校科研经费投入从 2000 年的 76.6 亿元增长到 2012 年的

780.6亿元（见图4-4），充足的科研经费为高校提升自主创新能力提供了有力保障。

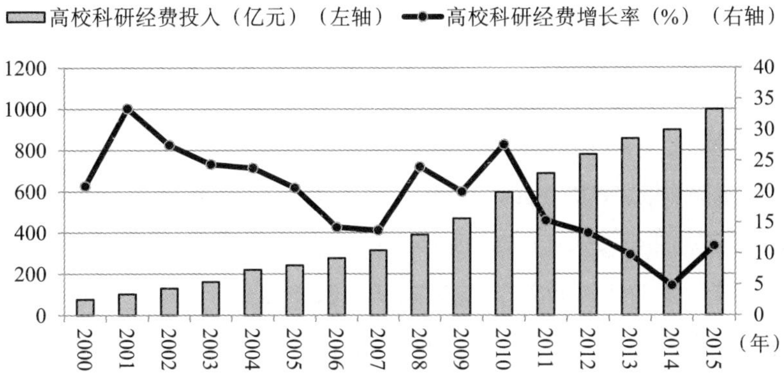

图4-4　中国高校科研经费投入与增长率（2000~2015年）

政府政策方面，通过颁布《关于充分发挥高等学校科技创新作用的若干意见》《国家中长期科学和技术发展规划纲要（2006-2020）》等一系列政策，推动我国高校科技体制改革不断融入世界潮流，政府通过牵头作用，推动中国高校科研走出国门，开展国际科技合作工作，加强国外优秀高端人才引入，拓展高校创新的国际合作领域。同时，在创新成果的保护上，对《专利法》和《知识产权保护法》进行修改，充分发挥国家知识产权局的服务作用，提高了中国高校创新成果的保护能力，为高校科技事业的发展奠定了法律基础。

4.3.4　政府对企业的创新引导

中国加入WTO之后，随着外向型经济的不断发展，企业层面开始通过引进外资和国外的先进技术来改造传统的落后产业，实现产业的升级与转型，然而“打铁还需自身硬”，仅依靠国外的先进技术对国内产业升级的效果并不显著，更多的还是要通过企业内部自主创新能力的提升来实现企业生产效率的提升和技术水平的提高。

政府作为政产学研机制的引导核心，需要通过技术创新支持政策实现对企业的创新引导。国家科学技术计划层面，前期的863计划、星火计划为企业的自主创新能力的提升和科技成果的转化提供技术支撑，并在此基础上，制定了以企业为自主对象，以科研成果的市场导入为目标的科技成果重点推广计划和以大中型乡镇企业为对象的，以医药和海洋科研成果的市场导入为目标的社会发展科技计划，是政府对引导企业战略性技术的关键手段，同时也是政府组织科学研究和技术开发活动的基本形式。在技术创新财政金融刺激政策方面，国家逐年增加企业研究与试验发展（R&D）经费投入（见图4－5），在2008年全球经济危机的背景下，国家对企业科技研发的经费支持不减反增，并对高新科技产业进行补贴和税收优惠，推动企业科技创新能力赶超世界顶尖水平。同时政府鼓励国内企业积极"走出去"，以海尔、吉利等为代表的国内高端制造型企业通过在国外设厂，利用国外的优秀管理经验和优质的科技人才进一步强化企业创新能力，推动国内高科技制造业挤入世界中高端创新价值链。

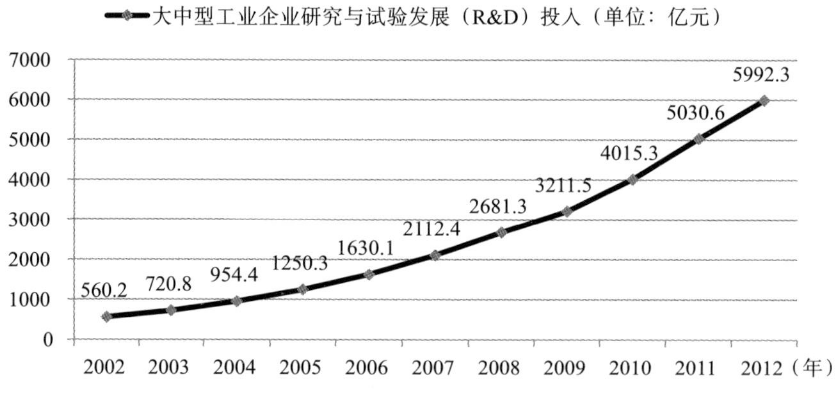

图4－5　全国大中型工业企业研究与试验发展（R&D）投入（2002～2012年）

4.3.5　政府对科研机构的创新管理

不断深入的对外开放发展，既为中国带来了经济和科技发展的机遇，推动中国的经济实力不断提升，综合国力逐步上升；也为中国带来了挑战，随着中国逐渐和国际接轨，作为政产学研重要的创新主体，科研机构的发展逐渐面临挑战。在课题选择方向上，部分科研机构课题缺乏市场调研和需求预测，并与经济价值相脱节，从科研成果的总量来看，成果的成熟度较低，世界一流的科研成果较少，落后于世界顶尖科技研发创新轨道。21世纪后，党和中央逐渐意识到问题的严重性，开始着手进行科研机构的创新管理升级，在科研课题方向的选择上，以匹配经济和科技生产力为导向，着重强调科研课题的针对性和社会贡献度，并要求部分科研立项要以市场为导向，以完备的市场调研和需求分析为基础，实现科技创新和经济建设的有机结合。在科技成果的检验方面，改革开放初期，国家各方面建设均需要相应的科技成果支持，因此当时评价科技成果的主要指标是看其是否符合国家建设需求。而在中国经济建设的高速时期，需要科技成果更多的与国际顶级研究方向接轨，因此政府通过创新科技成果鉴定方法，提升科研机构研发成果的成熟度，刺激科技成果供给与需求的有效衔接，实现对科研机构的创新管理。

处于机遇和挑战并存的21世纪，中国开始凭借人口红利、丰富的资源、优惠的政策等吸引大量外资和国外先进技术涌入国内市场，以更加积极的姿态实现"引进来"和"走出去"相结合，开始融入世界创新价值链。广阔的国际市场和发展前景使中国的企业认识到技术创新的重要性和产业升级的必要性，希望通过技术创新对自身进行转型升级，摆脱初级加工制造业的发展困境，增强企业核心竞争力，更好地满足市场需求和发展需要。基于企业发展的需要和高校、科研创新的成果转化，政产学研的创新耦合机制联系愈发紧密，政府的创新政策随着社会发展的日新月异不断更新，科研投入逐年增加，政府对高校的科研激励、对科研机构的创新管理、对企业的创新支持已经初见成效，高校、科研机构与企业的产学研合作机制开始探索以国际创新竞争和市场引领的关键技术为导向的发展模式，建立较为灵活的政产学研合作模式，推动市场导向与创新成果应用的耦合发展。四大创新主体通过交叉配合，进一步驱动以政府政策为引导、以高校和科研机构为支撑、以企业为核心的政产学研合作机制迈向新征程。但由于中国接轨世界创新价值链时间较短，创新贡献度不明显，同时国内企业更多提倡“拿来主义”，没有形成完整的科技成果转化体系，从而使得政产学研的创新融合机制出现技术供给与需求不匹配、利益分配机制不尽合理、风险投资和外部环境制约等问题，影响政产学研融合机制的创新驱动效应。

4.4 新时代政产学研的融合发展趋势

十八大以来，党和政府尤其重视国家自主创新问题，以习近平总书记为核心的党中央紧紧围绕实施创新驱动发展战略做出系列重大部署，并召开数十次专题工作会议研究科技创新问题，强调加快创新型国家的建设，以创新引领发展的第一动力，建立以企业为主体、市场为导向、产学研深度融合的技术创新体系，加快企业层面的创新支持，推动科技成果转化。十九届五中全会，国家把坚持创新摆在中国现代化建设全局中的核心地位，把科技自立自强作为国家发展的战略支撑，强调新时代政产学研的创新融合发展是实现中华民族伟大复兴的重要工程，事关国家命运和民族未来。新时代政产学研的创新融合发展逐渐趋于成熟，主要表现为政府、企业、高校、科研机构四大主体角色定位更加清晰、产学研内在耦合更加密切、利益分配机制逐步合理、创新竞争力不断提升。

4.4.1 角色定位愈发清晰

从新中国建立到改革开放到加入 WTO 再到中国发展新时代，政产学研耦合创新机制经过长时间的发展，四个主体的角色定位更加清晰。政府履行服务者和监管者的责任，在服务方面，简化相关审批制度，强调以高效便捷的服务角色为政产学研创新机制提供政策便利和社会服务；在监管方面，通过出台和修订一系列法律法规和规章政策，保障了政产学研合作主体的合法权益。科技竞争力作为现代企业的核心要素之一，是企业综合能力和绝对优势的集中体现，新时代企业将自身的角色定位集中于市场竞争力的提高，华为、阿里等明星企业已经完成在全国范围内的创新实验室布局，并进一步走出国门，利用外部创新优势，以市场竞争机制为基础，扩大应用研发成果转化，提高企业技术创新竞争力（罗啸潇和王婷，2020）。习总书记强调“基础研究是整个科学体系的源头，是所有技术问题的总机关”，新时代高校和科研机构以回归基础学科扎根基础研究为核心，充分利用从重复知识积累转向大胆试错的科研创新培育机制，以基础研究撬动技术应用开发，带动创新价值链优化，维护政产学研系统运行平衡。

4.4.2　产学研内在耦合更加密切

实践证明，社会生产力是检验科研技术和创新成果的最终标准，可见科技创新来源于生产力水平的制约，最终也要服务于生产力的提升，企业作为最能衡量社会生产力的直观要素，能够直接检验科技创新的综合实力和价值阶段。政产学研的创新融合机制最终的目标是对接和服务企业，推动产业转型升级，提高社会生产力。2019 年中国创新投入指数、创新产出指数分别为 199.1、295.3，比上年增长 3%、11.8%（数据来源：国家统计局相关统计数据），2019 年，我国创新投入稳步提高，创新产出大幅提升，创新成效进一步显现，创新发展新动能不断增强。以企业为主体、市场为导向、产学研相结合的技术耦合机制在中国的经济社会发展过程中大放异彩，基本上完成了对高污染、高能耗制造业的升级改造，战略性新兴产业取得巨大进步，不断攻克关键核心技术，推动国内上下游产业链的转型升级。以华为、腾讯等高科技企业借助产学研内在耦合，以显性回报实现企业和高校与科研机构的互惠互利，建立长期稳定的融合机制。

4.4.3　利益分配机制逐步合理

作为政产学研长效耦合机制的关键所在，合理的利益分配机制能够充分调动各个创新主体的合作积极性和创新驱动力。在以往政产学研合作驱动创新的过程中，企业一端的积极性较强，同时高校和科研机构所提供的技术成果也非常具有市场竞争力，然而二者的合作过程和结果却不尽人意，主要原因在于合作各方的利益存在较大的分歧，由于高校、科研机构和企业对科学技术的价值判断和创新认知不同，合作初期，鉴于国家政策的支持和合作各方的谈判地位不同，基本上能够达成双方都比较满意的合作协议；而到合作中期和后期，由于各方的利益都开始逐步显现，就会产生一系列的利益分歧，阻碍产学研合作机制的发展，甚至有些时候，企业和高校与科研机构的矛盾深化，合作各方摒弃产学研耦合机制，分道扬镳，各自为战，阻塞政产学研融合创新道路。

新时代，政府的服务职能随之强化，有关政产学研合作各方利益分配机制的相关政策和法规不断完善，从而为逐步合理的利益分配机制奠定了坚实基础。同时国内企业和高校、科研机构清楚地认识到，融入世界顶尖创新价值链，合作创新才是发展正道。在政府政策的引导下，各大创新主体不断磨合，逐步建立起以“利益共享和风险共担”原则为基础，以固定支付模式、提成支付模式、按股支付模式三种利益分配模式综合应用的利益分配机制，合作各方的努力程度、资源投入和创新价值得到了充分体现，政产学研耦合创新机制向高质量方向发展。

4.4.4 创新竞争力不断提升

得益于中国经济实力在全球地位的不断提高和政产学研融合创新机制的成熟，中国的创新竞争力不断提升，高铁及动车建造技术、量子信息通讯、超级计算机、高温超导等前沿技术研究居世界领先水平，涌现出载人航天、超级杂交水稻等一批自主创新重大成果，华为、小米等高科技企业凭借自己的创新优势和科技竞争力将自己的电子产品推销到世界的每个角落。在研发专利方面，世界产权组织的数据显示，2019 年中国在该组织 PCT（专利领域的国际合作条约）框架下提交专利申请书为 58990 份，超过美国提交的 57840 份，成为提交国际专利申请量最多的国家。在基础研究方面，中国的国际论文总数排名上升到世界第四，纳米科学论文数居世界第一，工程科学论文数居世界第二，论文引用率世界第二。以政产学研为基础的创新合作机制以其明显的创新溢出效应，企业技术创新水平和高校、科研机构基础研究能力显著提升，不断提升的创新竞争力对国家创新驱动发展战略和世界创新价值链的耦合机制具有正向的激励作用。

新时代政产学研创新融合转向高质量发展模式，但不可否认，高校和科研机构的科发经费投入依然有限，高校学科建设中“重视理工轻视人文”的现象依然存在，企业应用技术开发和基础学科的融合效应有待增强。因此，深化政产学研融合，政策引导层面，要清楚地看到高校科研经费投入依然有限，必须继续加大高校科研经费的投入规模和投入比例，优化高校科研经费管理，提高科研经费使用绩效；高校和科研机构层面，必须要重视高校科研人才培养，打破传统“重理轻文”的学科建设制约，利用更加灵活的人才激励机制，扩大高校科研红利，摆脱过去的技术学习和创新模仿路径，提升自主科研能力，推动创新型国家的建设；企业层面要打通技术应用开发和基础研究的耦合点，利用市场创新竞争的显现回报，逆向撬动政产学研四大创新主体的自主能动性，长效释放自主创新驱动力。

第 5 章

政产学研的耦合机制

产学研融合作为提升国家和地区自主创新能力的一种全新组织模式，在促进高校科技成果转化、助推产业转型升级上发挥了卓越功效（黄明东等，2017），同时，伴随着科技革命蔓延和国际创新竞争加剧，政府逐渐重视并参与到产学研合作，通过提供大量政策支持和研发资助，旨在驱动创新型国家建设。然而，相较于西方发达国家，国内创新发展历史较短，高校整体研发水平亟待提升，政产学研系统存在结构失衡、耦合不畅、运行低效等问题（原长弘和张树满，2018）。党的十九届五中全会提出，要坚持创新在现代化建设全局中的核心地位，深入实施创新驱动发展战略，以政府引导撬动高校与科研机构的基础研发，以高校研发支持企业技术创新，以市场竞争优化创新升级，形成政产学研创新驱动体系。由此引发的思考是，新时代创新驱动转型背景下，政产学研创新驱动过程中演化出哪些特征，政产学研仍有哪些亟待突破的机制瓶颈，如何进一步设计驱动路径助推政产学研合作，释放政产学研创新红利，加快创新型国家建设？本书以政产学研机制为出发点，剖析政产学研构成要素及耦合瓶颈，阐释政产学研创新驱动演化特征，尝试以多重视角揭示上述问题，从而为优化政产学研创新驱动、加快创新型国家建设提供理论思考和实践借鉴。

5.1　政产学研系统的耦合结构与运行机制

5.1.1　政产学研系统的耦合结构

政产学研耦合是政府、企业、高校和科研机构利用各自比较优势，通过研发合作，驱动创新效率提升，实现科技与经济协调发展的过程（李阳等，2016）。政府、企业、高校与科研机构在耦合中扮演不同的创新角色（见图 5－1），承担差异性的创新责任。政府出台产学研引导政策，提供研发资金支持；企业聚焦技术研发成果转化及市场化应用，参与国内外竞争合作，推动产业升级；高校与科研机构发挥基础研究优势，推动技术研发，赋能产学研创新驱动。

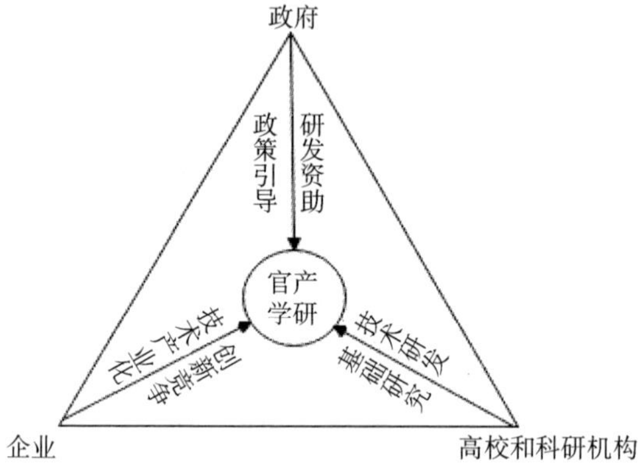

图5－1　政产学研耦合关系

5.1.2　政府政策引导和研发资助

政产学研耦合系统中，政府承担重要的引导激励作用，一方面，政府出台各项政策支持和科技发展计划，完善知识产权、技术转移等法律法规，为产学研合作提供良好外部环境，引导产学研深化合作；另一方面，政府通过研发资助、税收优惠、财政扶持等方式，为产学研三方提供资金保障（Feldman 和 Kelley，2006），助推高校与科研机构技术研发和成果转化，助力企业创新能力提升（宾厚等，2020）。

5.1.3　企业技术产业化与创新竞争

企业承担技术产业化和创新竞争职能。技术产业化是指技术成果通过研发、中试、应用、扩散而不断形成产业的过程。技术产业化会推动科技成果商品化、市场化，将科技成果转化为现实生产力。而企业兼备人力、物力及财力资源，为技术产业化提供了重要保障。市场竞争环境中，企业核心竞争力取决于技术创新能力（杜阳和李田，2020），但产学研各个部门职能不同，企业往往基础科研条件有限，技术研发薄弱，不足以支撑创新价值链整合，因此，企业要与高校、科研机构通力合作，借助优势互补提升技术创新能力，扩大市场竞争力（刘斐然等，2020）。

5.1.4　高校和科研机构的基础研究与技术研发

高校和科研机构工作重心在于基础研究和技术研发。基础研究是指为了获得关于现象和可观察事实的基本原理的新知识、新发现、新学说而进行的实验性或理论性研究，它不以任何专门或特定的应用或使用为目的（徐晓丹和柳卸林，2020）。高校和科研机构的基础科研具有一定前瞻性，能够为政产学研创新成果涌现奠定理论基础。技术研发是指新品种、新技术从创新构思转换成现实科学技术的环节。高校与科研机构开展技术研发合作，促成基础研究成果有效转化为技术应用，为政产学研系统创新提供核心技术支撑。

5.1.5　利益分配机制

利益分配机制是政产学研耦合长效驱动的关键所在。公平的利益分配会极大调动合作主体积极性，推动合作可持续发展；而利益分配不公将松动甚至瓦解政产学研系统合作根基。为此，在政产学研系统内部建立一套合理的利益分配机制尤为重要。利益分配机制合理性取决于是否坚持“利益共享与风险共担”原则。一般来讲，建立在“利益共享和风险共担”原则基础上的利益分配模式主要有以下三种：固定支付模式、提成支付模式、按股支付模式（刘勇，2016）。固定支付模式是指企业为高校与科研机构提供研发资金，而研发成果转化收益由企业独占；提成支付模式是指合作主体从合作成功后整体收益中按一定比例提成支付；按股支付模式是指合作主体按投资比例进行利润分享。尽管三种模式不同程度体现了“利益共享与风险共担”原则，但仍存在缺陷，因而，科学合理的利益分配不应局限某一种模式，而应综合用之，充分体现合作各方努力程度、资源投入和创新价值，并使合作各方按照权益所属分担风险，激励创新合作。

5.2 政产学研创新驱动的演化特征

5.2.1 政策引导不断强化

政府相继发布了一系列产学研融合实施意见和规划纲要（见表5-1）。2006年《国家中长期科学和技术发展规划纲要（2006-2020年）》提出，加快对引进技术消化吸收及再创新、实施知识产权战略和技术标准战略，拔高了产学研合作层次，加速了产学研知识产权建设，为产学研合作长远发展奠定了基础；2016年《“十三五”国家科技创新规划（2016-2020）》提出，破除束缚创新和成果转化制度障碍、实施促进科技成果转移转化行动，增强了产学研创新动力，提高了科技成果转化率，进一步拓宽和深化了产学研合作广度及深度。同时，梳理已出台主要政策，发现政策引导表现出三方面发展趋势：一是政策部门多元化，不再局限于科技部一家，教育部、发展改革委、财政部等部门也先后以不同方式为产学研合作提供政策支持和资金援助；二是政策靶向性提升，针对产学研合作暴露出各方面弊端，政府相继推出了《关于促进自主创新成果产业化的若干政策》《中华人民共和国促进科技成果转化法》等不同侧重点政策文本；三是政策红利逐步释放，已出台产学研合作政策不仅包括鼓励高校和科研机构向企业转移创新成果方面内容，还包括知识产权保护、科技成果转化激励和管理体制创新等方面内容。

表5-1 政府出台支持产学研的主要政策（1993~2019年）

时间	发文单位	政策文件	政策内容
1993年	国家教育委员会	《关于加快教育改革和发展的若干意见》	实施国家“产学研联合开发工程”
2001年	科技部、教育部	《国家大学科技园“十五发展规划纲要”》	兴办大学科技园，加速高新技术产业化

续表

时间	发文单位	政策文件	政策内容
2006年	国务院	《国家中长期科学和技术发展规划纲要（2006－2020年）》	鼓励企业成为技术创新主体，全面推进中国特色国家创新体系建设
2008年	科技部、发展改革委	《关于促进自主创新成果产业化的若干政策》	完善自主创新成果发布机制，鼓励高校和科研机构向企业转移创新成果
2011年	教育部、财政部	《高校能力创新提升计划“2011计划”》	健全协同创新机制，引导和支持高校与各类创新力量开展深度合作
2015年	全国人大常委会	《中华人民共和国促进科技成果转化法》	促进科技成果转化为现实生产力，规范成果转化活动，加速科学技术进步
2016年	国务院	《“十三五”国家科技创新规划（2016－2020）》	推动健全现代大学制度和科研院所制度，完善科技成果转移转化机制
2017年	科技部、财政部	《科技评估工作规定（试行）》	加强科技评估管理，建立健全科技评估体系
2018年	科技部	《关于技术市场发展的若干意见》	促进高校、科研院所和企业之间技术交易和成果转化
2019年	国务院办公厅	《关于推广第二批支持创新相关改革举措的通知》	知识产权保护，科技成果转化激励，管理体制创新方面

5.2.2　政府研发投入不断提升

政府研发投入即政府属研究机构经费支出，由基础研究、应用研究、试验发展三部分构成。政府研发投入具有明显溢出效应，可以激励产学研三方研发积极性，引导其加大研发投入（Lee，2011），促进政产学研创新绩效提升。透过政府研发投入状况（见图5－2），可以一定程度清楚政产学研创新发展状况。2000～2019年，政府研发投入在数量、规模和态势上表现出明显特征。政府研发投入从2000年258.2亿元到2019年3080.8亿元（数据来源：中国科技统计年鉴），实现稳步增长，政府研发投入规模不断扩大，政府研发投入呈高增长态势。短短20年，政府研发投入达到前所未有的增长高度，并由此催生出诸多重大科技成果，推动中国科技进步，但横向比较，中国与西方发达国家在科研领域研发投入，尤其在基础研究方面，仍存在较大差距。因而，加大基础研究投入强度将成为政府研发投入亟待关注的重点。

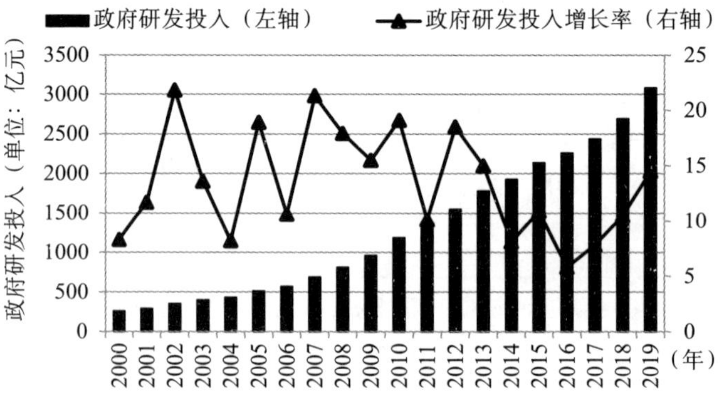

图5-2　政府研发投入增长趋势（2000~2019年）

数据来源：中国科技统计年鉴。

5.2.3　市场化创新机制逐渐形成

市场化创新机制即在研发方向、经费使用、项目评审及成果评价等科技创新环节，充分发挥市场作用，激发各类主体参与创新活动的积极性。伴随合作深入发展，政产学研系统逐渐形成市场导向创新机制，主要体现在三方面：一是企业创新主体地位强化，政府支持有条件的创新型企业承担国家重大科技攻关任务，在研发实力较强企业建设国家重点实验室和工程技术中心，引导企业参与基础前沿研究，提高企业原始创新能力（Guo等，2016）。二是项目立项、经费使用和成果评价市场化，在技术创新项目立项上，更多听取企业意见和建议；在技术创新经费投入上，以企业投入为主；在成果评价上，由用户和专家等第三方着重评价成果转化情况及成果市场价值（肖其师和刘哲，2018）。三是技术需求市场化，政产学研技术需求一般来源于市场，即市场需求决定政产学研技术研发方向。

5.2.4　高校与研发机构的创新价值不断提升

近几年，在政府政策和企业转化平台双重加持下，高校与研发机构成果产出大幅提升。2019 年，高校论文发表数达 1026200 篇，同比增长 7.19%；专利授权量达 184934 项，同比增长 13.3%；知识产权数达 25079 项，同比增长 33.6%（数据来源：高等学校科技统计资料汇编）。同时，截至 2018 年，共颁发 1106 个各类产学研合作创新奖项，2019 年评选出 874 个各类奖项（数据来源：根据中国产学研合作促进会中国产学研合作创新与促进奖资料整理）。高校与研发机构创新价值提升，会有效提高研发成果转化及产业化效能，对企业技术创新能力和政产学研创新产生明显驱动效应。

5.3　政产学研机制中存在的耦合瓶颈

5.3.1　主体定位偏差导致结构失衡

政产学研合作过程中，合作主体各司其职，形成常态稳定耦合结构，但伴随合作深入推进，相继暴露出政府定位偏差、企业创新竞争力有限和高校与科研机构技术供给不足等问题，导致耦合结构严重失衡。

1. 政府定位偏差。政府应明确自身角色定位，履行服务者和监管者责任。但现实情况是，政府位置尚未摆“正”，主要体现在政府“缺位”与“越位”两方面（姚潇颖，2017）。首先，政府“缺位”体现为产学研合作政策法规的滞后。为促进产学研深度融合，保护合作主体合法权益，政府先后推出多项政策法规，但一些政策调整相对滞后，未能适时解决产学研合作中的利益冲突、知识产权归属和技术转移等问题。从这一角度出发，解决政府“缺位”，要与时俱进，完善相关政策法规。其次，政府“越位”体现为政府干预过多，从而导致偏离市场逻辑。政府要重新界定自身职能和角色，减少不当干预，积极承担服务和监管职能，有助于产学研良性合作机制形成。

2. 企业创新竞争力有限。2019 年，财富世界 500 强企业中，中国共 129 家企业上榜，总数排位第一，高于美国 121 家和日本 52 家，但具有自主创新能力的民营企业却仅有 22 家（数据来源：2019《财富》世界 500 强），究其根源，在于企业外向依存度过高导致创新原动力不足。一方面，市场竞争加剧和研发成本高昂迫使企业注重短期效益（Burg 等，2014），即企业冀望于直接应用研发成果迅速扩大市场，而非着眼于技术创新竞争力，从而造成依赖惰性；另一方面，外来资金、技术注入和对国外先进商业模式模仿，给中国企业带来的巨额利润使多数企业形成创新惰性，导致企业意识仍停留在单纯技术引进阶段，未能深掘技术成果潜在价值，以致失去创新诉求（郭惠等，2019）。从这一角度审视，企业创新竞争力有限是引发政产学研系统结构失衡的一大显性因素。

3. 高校与科研机构技术供给不足。高校与科研机构技术供给不足，基础研究薄弱，科研评价机制不健全。首先，基础研究投入产出比低决定其必须依靠国家大量经费支出，但事实上，国家在基础研究领域经费投入强度，远远低于应用研究和试验发展领域，与国外发达国家投入差距更为明显（张明喜，2016）。由此带来深刻影响是，高校与科研机构原始创新能力严重不足，技术成果产出不高。其次，高校与科研机构常年沉溺于象牙塔，科研评价体系偏离市场化，技术研发的应用价值难以评估，技术供给缺失、成色不足成为产学研创新驱动的运行瓶颈。

5.3.2 系统动力不足导致耦合低效

政产学研系统创新动力不足，受三方面因素影响。首先，基础研究薄弱造成技术创新乏力。基础研究位于创新链上游，其重大原创性突破会推动企业技术创新和产业转型升级，但对基础研究重要性认识不到位、基础研究投入强度不足、优秀基础研究人员和高端领军人才严重匮乏等因素（马茹等，2019），削弱了产学研创新动能。其次，跟踪模仿和技术引进导致企业创新意愿和能力低下。长期以来，一些中国企业依赖跟踪模仿和技术引进加快追赶超越，短期内节省了大量科研及试制经费，占领了一定的庞大市场份额，取得了丰厚利润，但同时也衍生了创新惰性、自主研发能力不强等隐形问题。最后，知识产权保护不力削弱了创新竞争积极性。国家层面知识产权保护法律法规亟待完善，执行层面产权保护制度可操作性不强，利益分配规定缺乏相关实施细则等（邵莹莹，2020），技术供给方和技术需求方既得利益缺少有效保护，严重阻碍创新系统优化升级。

5.3.3　利益分配不均导致耦合不畅

政产学研利益分配不均问题表现在两方面：第一，企业依靠高校与科研机构基础研究突破带来的新技术、新知识，极大提升了自身技术创新水平和能力，获取了丰厚市场回报，并在此基础上按合同协议将市场利润分享给高校与科研机构，使基础研究得以继续推进，但忽视基础研究持续投资及缺乏利益保障机制，高校与科研机构基础研究未实现可持续投入，进而无法稳定供给企业创新所需知识技术，造成创新链断裂。第二，为保障研发成果高效产出，政府投入大量研发资金，但并未达到预期目标和效果，即高校与科研机构研发成果未能实现市场化显性回报。现实情况来看，高校与科研机构科研评价和职称评审过于看重论文、专利和课题项目数量，却对知识成果是否具有应用性和市场价值重视不高；从本位主义视角来看，高校科研人员项目申报多以经费获取为目的，较少注重项目研究价值和着眼国家发展难题，导致科研经费大量滥用。

5.4 政产学研的创新驱动路径设计

5.4.1 发挥政府官方引导的撬动作用

1. 加强政府引导，适时完善政策法规。基于政府在政产学研创新体系中引导功能，一方面，政府应完善产学研融合相关政策法规，加大政策支持力度和经费投入强度，为产学研合作创新营造良好环境（张钦朋，2014）；另一方面，政府应加大技术创新重大意义宣传力度，使全社会创新型企业和高层次水平大学及科研机构认识到国家战略需求及自身责任，积极主动参与产学研合作。同时，随着社会经济快速发展和科学技术日新月异，政府要跟进形势发展，适时进行政策更新，不断健全知识产权保护体系，加强知识产权监管力度（邱洋冬，2020），严惩窃取他人知识成果违法行为；加强技术转移环节法律法规建设，保障高校和科研机构技术转移收益，保护企业技术产权（Inzelt，2004），推动政产学研合作稳健发展。

2. 注重对高校与科研机构的基础研究资助。纵观西方发达国家历次科技进步，其根本皆来自于基础研究重大突破和重大发现。基础研究突破背后是庞大科研经费支出。当前，我国全社会研究与试验发展经费（R&D 经费）投入高达 2 万亿元规模，但基础研究方面投入比例仅占 6%（数据来源：中国科技统计年鉴），相比西方科技强国，基础研究投入强度严重偏低。新时代中国要在科技领域取得建树，政产学研要发挥其创新效力，必须坚持基础研究核心地位，重视对高校与科研机构基础研究资助。一方面，各级政府应当高度重视基础研究战略价值，持续稳定加大基础研究资金支持，扩大基础研究在 R&D 经费投入中的比例（Kang 和 Park，2012），同时构建多元化基础研究投资体系，拓宽经费获取渠道，引导更多企业和民间资本支持基础研究（朱秋，2020），保障基础研究领域资金充足。另一方面，深化科技体制机制改革，完善科研评价体系和收益分配制度，激励更多科研人员投入基础研究，保障科研人员切身利益，为基础研究开展提供良好科研环境。

3. 营造公平市场环境，鼓励企业创新竞争。为激励企业勇于创新，政府相继出台了众多优惠政策和基金项目，但从政产学研发展实践看，政府越位缺位容易造成企业创新动力不足、能力不强问题。政府部门要加快向服务和监管职能转变，激发企业创新的市场活力和自主积极性。一方面，降低市场准入门槛、建立约束和规范市场主体行为的市场规则、加强反垄断和反不正当竞争执法、全面落实公平竞争审查制度，营造起公平竞争市场环境（姚雷，2019）；另一方面，实施财税优惠，建立银行、保险、科技部门共担风险的投融资体制，让企业在创新决策、研发投入、成果转化评价等环节自己做主，引导企业加大研发投入（Adams 等，2003），鼓励创新发展。

5.4.2 企业与高校科研机构紧密融合，参与国内外创新合作与竞争

企业与高校科研机构紧密融合的显性价值在于，一是推进科技成果转化，获取更多直接经验和理论指导，提升技术研发水平；二是将科研成果转化为技术应用与市场产品，提高技术研发的价值含量；三是降低企业研发风险，缩短研发周期，增强自身市场竞争优势。但从产学研合作实践看，企业过度看重短期利益，忽视与高校科研机构深层合作，创新价值尚未充分彰显。因此，强化企业创新主体地位，要加强与国内高校科研机构紧密融合，扩大研发经费在所有开支中比例，加大企业研发投入（李明和李鹏，2017）；同时，与技术供给方共建研发机构，促进科技成果高质量产出及转化，构建产学研合作平台和实训基地，提升企业研发人员技术水平，培养高素质创新团队。

与此同时，经济全球化扩大资本、劳动力、贸易自由流动，加剧了市场竞争，跨国企业不可避免地被卷入国内国外双重竞争漩涡。在这种背景下，中国企业要大胆走出国门，与国外高校与科研机构开展各种形式的广

泛融合，有效避免重复劳动和资源浪费，降低研发费用和风险，并在人才交流与融合基础上吸收其先进技术和研发经验，提高企业技术创新水平（罗啸潇和王婷，2020）。

5.4.3 加强高校基础研究投入，完善科研评价机制

伴随政产学研合作进程加快，高校与科研机构在基础研究领域取得了长足进步，整体研究水平显著提升，但要加快创新型国家建设，依然需要提升科研水平和竞争能力。因此，加强基础研究投入，夯实科技可持续发展根基，仍是高校与科研机构工作重心。一方面，加强基础研究投入力度，重点培养创新型科技人才，重点布局一批重大前沿交叉项目和关键技术突破项目；另一方面，积极与国外高校交流合作，扩大外籍研发团队引入比例，不断提高国内高校与科研机构科研水平。

与此同时，高校和科研机构应完善科研评价机制，引导科研人员朝着产学研既定合作目标努力。一方面，调整科研评价标准，改变“一刀切”评价倾向，形成多元化评价体系，既要注重论文、专利数量和质量，也要根据市场需求和国家发展战略，关注科技成果有效转化率和应用程度，将科研成果的实用性、市场价值纳入职称评定、绩效考核标准中；另一方面，兼顾科研人员诚信精神考察，严惩失信失德科研人员，让诚信原则和科学精神内化为科研人员行为准则和精神追求，从而营造一个风清气正的科研环境。

5.4.4 构建合理的风险分担与利益共享机制

政产学研耦合效力在于，政府为高校科研机构提供研发资助，高校和科研机构为企业供给技术成果，企业借此完成技术创新参与竞争，并将市场利润分享到高校基础研究工作，以实现政产学研循环创新。随着合作深入发展，政产学研系统逐渐显现出利益分配不均弊端，阻碍政产学研耦合畅通。因此，构建合理的风险分担与利益共享机制尤为重要（张巍和华

贤，2017）。

首先，要使高校和科研机构将企业技术创新市场回报及时输送到基础研究工作上，需要围绕基础研究建立起利益保障机制，并使高校科研机构充分认知到，基础研究的技术支撑作用，从而自觉保障基础研究领域资金充足。其次，解决高校科研机构研发成果缺乏市场回报机制问题，一是建立市场导向科研评价机制，催生更多应用性研发成果，二是建立科技成果评估机制，以科学性和客观性原则严格考核研发成果工作质量、学术水平、实际应用和成熟程度，并在此基础上奖优惩劣，遏制部分科研人员经费滥用行为。最后，破除政府研发投入—产出效益低下瓶颈，要双管齐下，在投入端，引导科研方向瞄准国家重大战略需求和社会经济发展目标，提升国家科技竞争力，释放创新红利，为高质量发展动能转换提供技术支撑；在产出端，改变以往只重立项过程而忽视管理过程和成果验收做法，对科研项目进行价值评议、可行性评议以及绩效评估，严格科研项目管理制度（刘慧芬，2009），为科技创新提升优化路径设计。

5.5 小结

政产学研系统运行中，政府以政策引导和研发资助，撬动高校科研机构基础研发，高校以技术研发驱动企业创新效率和质量提升，并形成良性循环创新。同时，政产学研融合具有明显溢出效应，能显著提升企业技术创新水平和国家科技竞争力，且对深入实施国家创新驱动发展战略、实现经济内生增长具有正向激励作用。

当前，世界格局复杂多边，单边贸易保护主义抬头，个别西方发达国家对中国实施极为不利的技术封锁，给创新型国家建设带来了严峻挑战。要深化政产学研融合，加快实现科技创新驱动，首先，政府要进一步释放政策红利，优化创新资源配置，引导组建更高水平政产学研联盟，并适时进行政策更新，为政产学研深度融合营造良好制度环境，为政产学研创新效能最大化提供后盾支持。其次，要鼓励技术竞争，企业要加大基础研究投入，提高原始性创新能力，并通过积极参与国内外竞争与合作优化创新产业升级，集聚政产学研合作平台创新资源，进一步激发创新活力。再次，高校与科研机构应以国家重大战略需求为科研方向，侧重基础研究一端，破除科技管理和高校管理体制机制桎梏，为基础研究创造宽松适宜环境。最后，通过在政产学研系统内部构建合理的风险分担与利益分配制度，缩小显性回报与隐形支出之间的博弈空间，为政产学研耦合驱动创新性国家建设构建良性运转机制。

第 6 章

高校科研的角色转变

高校作为科研创新和人才培养的重要阵地，是国家创新发展的核心支柱。党的十九届五中全会提出，坚持创新在中国现代化建设全局中的核心地位，把科技自立自强作为国家发展的战略支撑。相应的现实瓶颈在于，虽然国内高校近年来科研水平有所进步，高校全球排名不断提升，但基础学科研究支撑力明显不足，关键技术研发有待突破，研发产出的市场化含金量较低，产学研的耦合效率亟待优化。由此需要反思的是，高校科研在创新体系中的角色和职能是什么，如何扭转高校和企业之间的产学研耦合机制，释放高校科研的创新驱动红利？本文将刻画中国高校科研的历史演化轨迹，剖析当前高校科研发展所面临的制约瓶颈，为健全新时代高校科研体系与制度，强化高校基础研究贡献，赋能产学研系统的创新驱动力，提供理论解释与路径设计。

6.1　高校科研的历史演化轨迹

6.1.1　解放初期由学习借鉴向自主科研转变

新中国成立初期，百废待兴，由于缺乏经验基础，中国高等教育起步借鉴了苏联模式，高校科研主要以学习知识和技术吸收转化为主，学科建设与科研项目主要集中在军事、国防、重工业等领域（雷朝滋，2019）。中苏关系恶化后，国际社会多元化发展，中国高等教育在借鉴外部经验的基础上，逐步转向独立自主的进化道路，结合国内战略发展需要，编制科技发展规划，确立以高校为重要支撑的科技发展方针，设立了一批重点科研型高等院校，重点建设国防军事、现代化工业、新兴技术领域的科研事业（王晓珍等，2019）。这期间高校科研发展以国家为主导，逐步建立自主研发与独立创新的科研体系。

6.1.2 改革开放加速了高校科研体系建设

1978 年开启改革开放，经济发展与科技进步迈向正轨，高考制度恢复后，高等教育及高校科研广受重视。电子信息技术发展迅速，国防科技大学研制出银河巨型计算机，推动了中国在重大科研工程领域的计算能力；在物理领域，清华大学核研院顺利完成了 5 兆瓦低温核供热试验，填补了中国在核供热领域的空白，开启了核能利用的新方向。这一时期中国高校科研体系日渐完善：一是高校科研经费投入逐年增加，不断提高内生驱动力，激励高校科研成果产出；二是高校科技产业突飞猛进（周海涛和郑淑超，2019），清华同方、北大方正等一批高校技术转化企业层出不穷，以更加积极的姿态嵌入到中国的工业发展体系中；三是高校科研队伍发展壮大，高校数量和招生人数的增加使高校科研的数量和质量上升到一个新高度；四是产学研的合作机制得到显著发展，依托于经济的高速增长，现代化工业体系不断健全，高校科研水平和研发能力稳步提升，以企业、高校与科研机构为主体的产学研合作机制逐渐形成。

6.1.3 新时代高校科研的高质量发展目标

近年来，高校科技创新步伐不断加快，研发投入规模扩大，科技创新产出水平凸显（见图 6－1），一方面高校科研经费投入继续大幅增长（朱之文，2020），有力支撑了高校自主创新能力提升。另一方面产学研的合作创新机制不断强化，高校与企业共建协同创新平台成为中国经济和科技发展的一大亮点，出现了清华大学深圳研究院、武汉大学苏州研究院等大批“产、学、研”合作创新研究院（苏竣和眭纪刚，2018），为推动中国产业升级和转型做出了重要贡献。

党的十八大提出：“科技创新是提高社会生产力和综合国力的战略支撑，必须摆在国家发展全局的核心位置，要坚持走中国特色自主创新道路”。此后，中央出台了《中华人民共和国促进科技成果转化法》《国家创

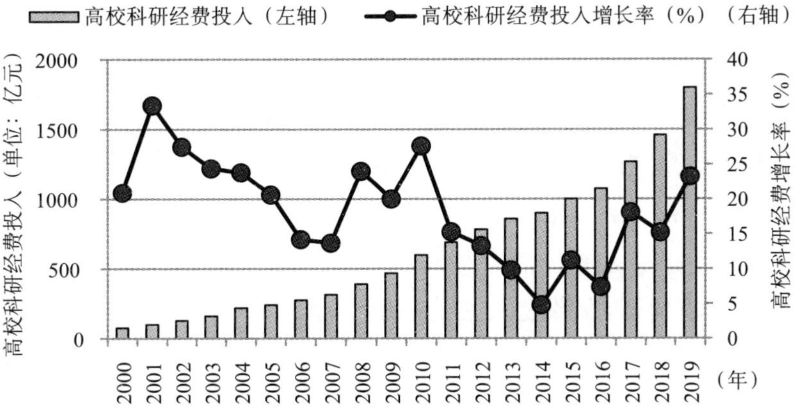

图6－1 中国高校科研经费投入与增长率（2000～2019年）

数据来源：中国科技统计年鉴。

新驱动发展战略纲要》等相关的法律和政策文件，要求打造高层次、高标准、快节奏的科技发展新模式。2016年，全国科技创新大会的召开，强调了高校科技人才队伍在国家创新驱动战略中的“领头羊”作用，明确了中国高校科研的任务在于挖掘科技创新潜力，关注世界前沿发展领域，引领中国科技走向世界（李勃昕和韩先锋，2018；陶诚等，2019）。新时代高校科研逐步向内涵式高质量发展转变，经济、教育、科技三者之间的关系更为紧密。

6.2 中国高校科研高质量发展所面临的问题与瓶颈

6.2.1 角色定位偏差

科技创新体系中，高校的核心角色是提升基础研究水平，努力拓展创新性试验，为科学技术发展奠定坚实的理论基础和经验积累（于志军等，2017）。然而，当前高校基础研究的职能正在逐渐丧失，主要表现为，科学技术产业快速发展背景下，高校科研过分关注显性成绩和短期回报，过于注重应用研究和市场收益，忽视了基础研究在科技创新系统的内核地位，无法在“高、精、尖”领域实现“质的飞跃”。虽然中国高校在应用学科和工程学科的研究领域取得了显著成绩（王树国，2010），但在数学、化学、物理、生物医药等基础学科的领域，原创性基础研究探索依然不足，造成核心技术空心化现象。

6.2.2 高校科研经费投入占比较低

高校科研队伍是中国科技创新的“主力军”，理应承担最为重要的基础科研职能，但事实上，中国高校 R&D 经费支出比重较低，仅占全国研发经费总支出的8%（见图6－2），远远低于政府研发支出（14%）和企业研发支出占比（78%）。作为科技创新体系的先导环节，高校科研前端的驱动力减弱会直接影响后端企业的应用技术研发，打破科技创新体系的平衡链，降低创新系统运转效率（赵振红，2020）。因此，为促进高校科研创新的先导驱动，必须扩大高校科研经费投入规模，优化科研经费支出结构。

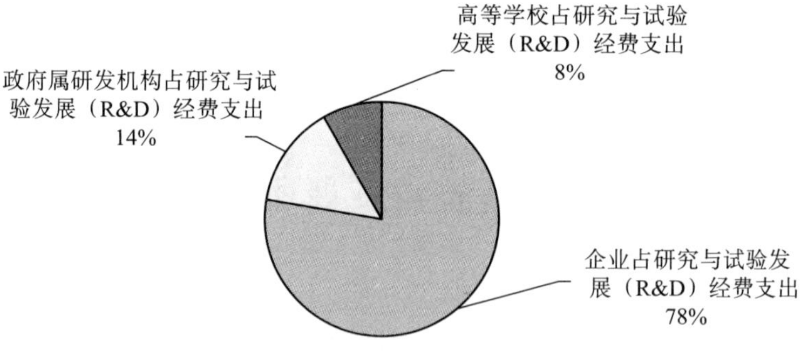

图6－2 中国各活动主体占研究与试验发展（R&D）经费支出比重（2018年）

数据来源：中国科技经费投入统计公报。

6.2.3　产学研的内在耦合不畅

产学研机制在创新型国家建设过程中承担着重要的驱动作用，但产学研融合机制仍存在耦合不畅问题（柳卸林和何郁冰，2011），一方面，企业过多依靠直接技术引进，缺乏对高校研发新技术的消化和吸收，破坏了与高校创新的支撑桥梁。另一方面，高校科研的成果转化率较低，2019年，中国专利授权量总数达259.2万件，但高校专利成果转化率不到10%，出现这种现象的原因在于，中国高校和科研机构衡量科技成就的指标往往局限于科技论文和所获奖励，忽视了科技成果的市场价值导向，从而造成科研成果与产业应用“背道而驰”（Annique和Asakawa，2015）。同时，中国高校科研人员长期禁锢于象牙塔，远离市场经济，对市场和企业发展的需求缺乏认识和理解，科研成果难以适应市场应用和企业发展，导致产学研的系统耦合欠佳。

6.2.4　科研创新管理滞后

中国高校科研已经从求数量向重质量转变，但高校科研创新管理依然滞后，但受高校管理体制影响，高校科研创新管理依然滞后，存在科研创新的利益分配机制不尽合理，高校科研缺乏自主能动性，整体运行效率偏低等问题（Florian，2018）。同时，高校人事管理机制僵化，整体待遇和受重视程度不够，在一定程度抑制了科研人才交流进步。在优秀科研人才评定标准中，强调论文、课题等数量，导致高校人才检验途径单一（陈治亚，2015），而一些基础学科发展周期较长，短期难以取得创新成果，造成大量人才流失现象。在科研经费管理方面，早期缺乏完善的科研费用预算与执行制度、考核与报销制度、使用不当的问责机制等，导致高校科研经费管理混乱，后来拨乱反正，对高校科研经费严格管控，结果出现过犹不及现象，在一定程度影响了高校科研人员工作积极性。

6.3 高校科研的角色转变

6.3.1 回归基础学科扎根基础研究

全球科技革命发展到现在，基础学科建设对科研发展的支撑作用日益显著，基础学科成为影响一个国家高校科研实力的决定性因素（Rajalo 和 Vadi，2017）。当前，中国高校在基础学科建设领域成果价值不平衡，原创性重大理论贡献不足，核心研发能力亟待提升，要解决这些问题，必须加强高校基础学科的培育机制，扩大经费投入规模，尤其在国家科技发展的战略主导领域，深挖基础学科研究能力，打造良好的创新生态环境和政策体系，培养基础学科研究人才，以“冷板凳”的科研精神解决“卡脖子”技术瓶颈（Metcalfe，1999）。

基础研究作为一切科学技术进步的知识源头，推动创新型国家建设，随着新一轮全球产业技术革命的兴起，基础研究水平日渐成为评价一个国家科技实力和综合竞争力的核心指标，纵观世界科技发展历史，只有在基础研究领域取得突破和创新，才能有效拓展创新价值链，逐渐培育技术竞争优势（郝丽和许慧，2018）。新时代创新战略目标明确，2035 年要跻身创新型国家前列，2050 年建成世界科技强国，为实现这一目标，中国高校必须重视对新知识、新理论、新原理的探索和理解，以原始知识积累的量变推动原创性基础研究的质变，加速提升科技研发实力，为中国经济高质量发展提供基础研究支撑，进而带动技术创新升级，打造世界一流科技强国。

6.3.2 从重复知识积累转向大胆试错的科研创新培育

基础研究的原始性创新是中国高校提升核心竞争能力的关键，以往高校科教发展依赖于知识积累和模范导向的教育模式，但随着信息社会高速发展，重复的专业知识教育已经逐渐被创新型培养模式所取代，单纯依赖重复知识积累和模范效应难以实现创新突破，不利于创新转型和驱动升级（Robert 和 Serow，2000），难以培育具有逆向思维的创新型人才，按照创新理论解释，每一项科学技术进步需要经历千万次实验和不断试错才能获得成功，唯有经过实践检验的理论方可演变为新的科学技术。

中国科技创新驱动不断升级，经济发展方式转变，对中国高校科技研发能力和自主创新水平提出了更高要求。作为知识积累和技术创新的前沿阵地，高校需要强化原始知识积累，探索原创性基础研究，推动科教兴国战略。高校科研要尊重创新逻辑，树立大胆试错，勇于探索的科研态度，逆向而上打破技术“无人区”（Tsai，2001）。一方面，在注重专业知识积累的基础上，要强化培育高校学生的实践能力和思辨意识，树立不怕犯错、挑战未知的科研信心，以千万次的试错换取科技创新“从无到有”的重大突破；另一方面，各大高校之间要建立畅通的信息沟通共享机制（Flegg 等，2004），通过分享错误教训和成功经验，降低研发风险成本，少走弯路，培育自由、开放、竞争的创新氛围。

6.3.3　以基础研究撬动技术应用开发

从原始基础研究向生产型技术应用需要跨越三个阶段：第一个阶段是基础研究探索和针对性实验所形成的技术原理突破；第二个阶段是在技术原理突破的基础上配合功利性的成果转化，形成科学技术发明；第三个阶段是在第二个阶段的基础上，结合社会生产需要，将技术创新转化为商业化产品和市场应用，三个阶段相互配合，迭代推动社会生产力提升和科学技术进步。

作为决定第一阶段和第二阶段发展的主导力量，高校基础研究是科学技术发展的原始期间，也是从知识量化积累到技术创新飞跃的跳板（陈骏，2018），这是整个创新系统运行的耦合关键。高校基础研究的核心价值在于，通过原创性的知识积累，获得当前或未来发展投入的科学资本，再通过产学研合作机制，撬动技术开发，从而实现市场化的显性回报。因此，打通基础研究和技术应用开发的耦合通道，促进产学研循环进步，必须以原创性基础研究突破为基础，以基础研究领域的新发现和新发明为导向，开辟技术研发和创新迭代（丁敬达和邱均平，2010）。高校基础研究要为企业创新服务，企业通过将高校基础研究成果转化，生产新产品，实现技术创新的商业价值，获得市场化显性回报，再反哺高校科研，形成产学研的内循环驱动模式。因此，高校基础研究能力提升的同时，应加强产学研融合，带动创新价值链优化，维护系统运行平衡。

6.4 高校科研创新驱动的优化路径

6.4.1 提高科研经费投入使用效益

高校科研本身具有一定的风险性和不确定性，科研投入的产出绩效也并非简单的线性关系，甚至在一些基础研究领域，长期大量科研投入所获得的进展不像技术应用领域那般直接可见，因此高校科研经费投入往往存在量化门槛效应，需要长期投入，稀释风险，才可能获得回报。政府是高校科研的行政管理机构，国家层面需要完善优化高校科研经费投入标准和评价指数，从数量上提高高校科研经费投入规模，从结构上提升高校科研的经费投入占比，保障高校科研的经费使用。地方主管部门要充当高校科研发展的监督人，一方面增加地方政府财政支出中高校科研经费投入比例，另一方面对高校科研经费使用予以监督管控，规范高校科研经费使用。同时，企业作为市场主体，不仅要深化与高校的合作伙伴关系，引导高校科研更好地迎合市场发展需要，而且要以自身创新市场收益，反哺对高校科研经费的投入力度。通过产学研融合，企业研发投入与高校科研相结合，既能够充实高校科研经费来源，还能够促进企业吸收转化高校科研创新成果，打通高校创新与产业技术进步的隔阂，实现终端市场化回报。

制度优化的同时，要充分提升科研资金使用效益，推动高校科研系统长期良性运转。首先要持续优化高校科研经费管理制度，规范高校科研经费的正常使用与合理支出，避免出现资金挪用、违规支出、使用不当等问题。管理部门要加强对科研经费的预算和审核管理，并通过相应的政策引导确保高校科研经费“用对地方，用得高效”。在合法合规约束下，鼓励高校科研人员合理支出科研经费，提高绩效激励水平，强化高校科研经费的引导支持效应。

6.4.2 加快基础研究与自主研发能力提升

改革开放初期，大量引入先进外资和生产经验，带来了外部技术势差，国内企业通过技术学习和创新模仿，虹吸外资技术溢出红利，逐渐提高自身技术水平，提高生产效率。但必须清醒认识到，外资所带来的先进技术旨在提高自身投资收益，扩大市场竞争力，本意并非出于帮助提升国内生产技术水平，建设创新型国家，必须坚持自主研发能力提升，才能克服外部技术封锁和“卡脖子”问题。在高校科研中要重视基础创新的内核驱动，鼓励企业借助高校科研开展技术应用开发，提高创新竞争力。高校基础研究作为技术创新源动力，是国家科技创新竞争力的根本，过去高速工业化时期，高校科研更多专注于工业学科和应用技术开发，追求短期价值回报。新时代与世界发达国家技术竞争，挤入高端价值链，必须强化高校基础研究能力，树立自主研发意识，提升核心技术创新效率。

新时代高校科研体系要向“金字塔”（图6－3）自主优化模式转变，在塔基的底层部分，高校通过加强基础学科建设和探索，注重一流人才和创新型团队的培养，积累原始性知识，为原创性基础研究突破奠定基础。在塔基的中层部分，原始性知识积累达到一定的程度，开始促成原创性基础研究突破，高校通过反复试错和不断实验进行前端技术探索。塔基高层是隐性投入和显性回报的创新耦合阶段，通过基础研究的向上延伸，高校科研逐渐与产业创新相融合，演变成为产学研的耦合结构，中层的前沿技术探索向技术的产业化应用转变，再通过产学研三者的系统融合，实现塔尖部分技术创新的市场显性化回报。可见，技术创新的市场价值需要高校科研的有力支撑，同时高校科研也需要创新市场化显性回报反哺，各部分交叉融合，驱动高校科研系统优化。

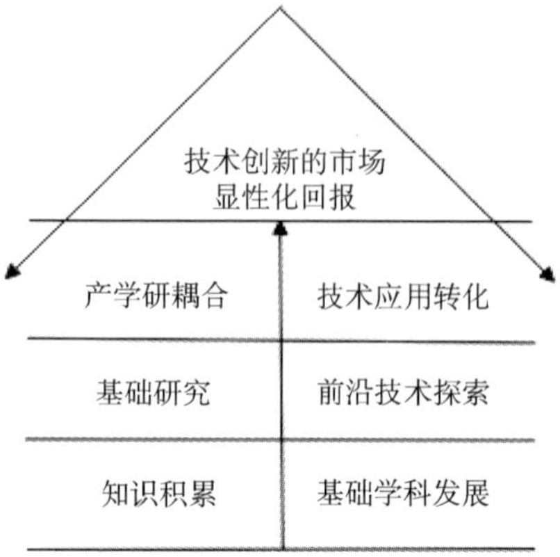

图 6－3　高校科研体系的“金字塔”结构

6.4.3　强化高校科研的市场导向与应用耦合

高校几十年的发展过程中形成了象牙塔式的思维方式和实践模式，注重知识积累与教学传播，强调理论学习梳理，但往往忽视了科学研究与应用开发之间的成果转换。新时代建设高标准市场体系，既要发挥高校科研的基础研究导向，还要扩展高校科研的技术开发与市场应用，建立稳定高效的产学研融合机制，激励创新合作。在技术开发领域，政府往往给予高校大量无偿资助的科研经费，容易造成资金使用效率不高，甚至当作“免费午餐”，要改变过去无偿资助方式，以企业技术应用的市场回报来评价高校科研经费使用绩效，科学分配高校科研经费，优化高校科研的传动转化绩效。

建立合理可行的高校科研知识产权成果转化体系，鼓励灵活的政产学研合作模式，引导高校科研团队以智力投入和科研成果入股，参与企业技术创新与产品研发，做到风险共担，权益共享，实现产学研的创新融合回报。在一些优势特色专业高校，可以与优势企业加强合作，建立高精尖技术研发中心，充分借力企业的市场化竞争机制和显性回报，调动各方创新合作积极性，突破卡脖子的技术瓶颈。在国家重大科研项目的计划安排时，要以国际创新竞争和市场引领的关键技术为导向，鼓励政产学研合作团队承担科研项目，吸收行业龙头企业参与，以技术应用可行作为项目结题的重要评价依据，强化高校科研和企业技术应用的耦合度。

6.4.4 重视高校科研人才的优化培育机制

习近平总书记在新发展理念中提出，创新是引领发展的第一动力，新时代引领创新发展必须依靠创新型人才，而要培养创新型人才，必须优化培育机制。国家层面，要坚持以人为本，提升整体科教水平，发挥高等教育的核心科教职能，转变过去重应用，轻基础的培养方针，以扎实的基础理论教学为根基，引导创新型科研人才培育。同时，完善高校科研人员的激励机制，在基础研究领域，给予充分倾斜的待遇保障，支持年轻科研工作者坐住“冷板凳”，释放基础科研的长效驱动力。在技术应用开发领域，要以高校科研人才为优势，导入企业的市场化创新竞争，充分放大市场化创新回报的逆向传导效应，激励高校科研人员提高研发成果转化水平，充分调动科研人才的自主能动积极性。

高校层面，要扩大数学、物理、化学、生物等基础学科招生规模，培养更多基础研究领域的人才，在应用型学科研究生招生计划中，扩大吸收基础学科专业毕业生，一方面加强学科建设和人才培养的基础理论支撑，另一方面促进交叉学科的基础学科支撑，将原创性科研能力作为创新人才培养的核心。在技术应用开发领域，推进教学、实践、科研三者紧密结合，树立创新价值理念，培育技术应用型科研人才。此外，高校科研人才招聘选用时，要降低本校毕业生留用比例，充分吸收其他学校毕业生，避免近亲繁殖和内卷退化，以互通有无促进科研领域百花齐放。近年来，一些西部高校由于待遇相对较低，大量科研人才向东部转移，造成人才流失和“孔雀东南飞”现象，教育部出台相应政策制止东部高校向西部高校

“挖墙脚”，但依然难以杜绝，要解决东西部地区科研水平横向差距，既要提高西部高校科研人员的待遇水平，保障其能够扎根西部，做好科研工作，也要鼓励合理的人才流动，释放竞争驱动，在不同平台创造更高效的科研贡献。

6.5 小结

在人类科技发展和技术进步的历史演化中，高等院校在任何时代都是知识传播和科研创新的排头兵，我国高校科研在改革开放过程中，承担了国家所需的各项科研任务，培养了大批科学家和技术工作者，可以说，高校科研是国家创新发展的基石。在科学技术不断进步和经济高质量发展的新时代，工业化进程已经步入核心技术竞争领域，技术创新成为最高阶价值链驱动力，传统的知识积累和技术学习已经难以支撑创新发展，高校科研要转变角色，重视数学、物理、化学、生物等基础学科领域的根基支撑作用，深化基础研究，以高校基础学科发展与基础研究带动技术应用开发，培育勇于试错的创新精神，为技术应用和产业升级提供原生动力，从而传导赋能市场化创新竞争，加快产学研深度融合。

政策引导层面，一是要看到高校科研经费投入依然有限，应继续加大高校科研经费的投入规模和投入比例，优化高校科研经费管理，提高科研经费使用绩效。二是在高速经济增长过程中，高校学科建设曾经出现不同程度的重工轻理现象，导致核心技术研发缺失，要改变这种失衡局面，摆脱过去的技术学习和创新模仿路径，就必须重视基础学科发展和基础研究投入，提升自主科研能力。三是要打通高校基础科研与技术应用开发的耦合点，以市场化创新竞争的显性回报，逆向传导撬动高校科研的自主能动性，长效释放产学研的创新驱动力。四是高校科研高质量发展要坚持以人为本，重视高校科研人才培养，给予多元化的科研环境支撑，以更为灵活的用人机制和激励机制，放大高校科研人员的才智红利，培育更多大国科学家，推动创新型国家建设。

第 7 章

美国产学研创新驱动的经验与启示

产学研协同创新，是指企业、高校和科研院所三者之间进行的合作创新（蓝晓霞和刘宝存，2013）。通常企业为技术需求方，高校和科研院所为技术供给方，各方共同投入与研发、共担风险、共享成果（见图 7－1）。随着科学技术的迅猛发展和国际竞争日益增强，传统的大学仅仅从事高等教育和学术研究的职能已经远不能满足社会发展的需要。产学研协同创新的趋势愈来愈成为高新技术发展的主流模式，成为技术与成果转化的重要推手，成为企业提高自身竞争力的重要手段，在国家经济发展中起着不可比拟的作用。然而，与西方发达国家相比，我国的创新历史发展较短，产学研合作还很不成熟，存在体制不健全、运行效率低下等问题。党的十八大提出，要建立以企业为主体、市场为导向、产学研结合的创新体系，这其中产学研合作在技术创新体系中发挥着极为重要的作用。由此引发的思考是，新时代我国创新驱动转型背景下，如何打破产学研合作存在的瓶颈，进一步促进产学研融合发展，推动创新型国家发展？本文以美国为样本，对美国产学研创新驱动的发展阶段和主要模式进行梳理，在此基础上对美国产学研合作的特点进行研究，以期为我国产学研创新驱动提供经验和启示。

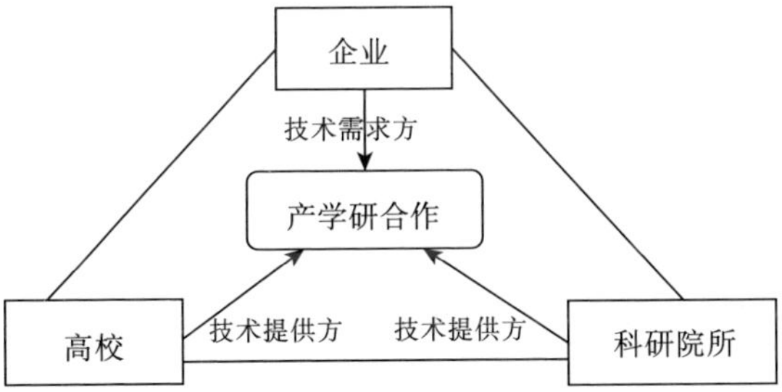

图 7－1　产学研合作关系图

7.1 美国产学研创新驱动的变迁历程

7.1.1 美国产学研创新驱动的萌芽阶段

美国作为世界上最早进行产学研协同创新的国家，早在19世纪早期就开始了对于产学研合作模式的探索，但这一时期的产学研合作数量、合作范围和合作程度均较小。为促进产学研合作，美国联邦政府于1862年颁布了《莫雷尔法案》，该法案的颁布标志着美国产学研创新驱动的正式起步（周鲜成，2014）。该法案旨在使当时的教育能够促进农业技术的发展，进而促进农业经济的发展，使美国成为世界上最早实现农业机械化的国家。该法案规定，政府可免费给各州提供土地，并允许州政府变卖土地，收益用来在当地创办“赠地学院”，又称“农工学院”，这些学院主要教授农业技术和机械技艺等实用性知识，培养农业和工业方面的专业型人才，以减少日后的培训工作，进而提高生产效率。然而，在该阶段，高校、企业和政府之间的直接联系较少。美国康奈尔大学就是一所著名的“赠地学院”，在当时无疑促进了当地农业技术的更新换代，高校的社会服务职能也逐步开始受到大众关注。

7.1.2 美国产学研创新驱动的兴起阶段

美国的产学研创新驱动兴起于20世纪初至第二次世界大战期间，“赠地大学”的迅速发展引起了社会各界的广泛关注，其他大学相继开始了与企业合作培养人才这一模式的探索。1904年，“威斯康星计划”开始实施，威斯康星大学开展了政府专家和教育推广服务，做到了将高校的社会服务职能具体化和实际化。赫曼·施纳德教授于1906年首次提出了一种新的产学研合作教育模式，该模式要求大学里的学生每年至少三个月的时间用于去企业或工厂实习，且实习的岗位须与自己的专业对口，以期实现课堂教学与实际生产工作的有效结合（许泉等，2014）。该模式在辛辛那提大学的应用获得了巨大反响，使美国政府加速了对该种合作模式的推广与支持，标志着美国产学研合作的兴起。

第二次世界大战期间，美国产学研协同创新已不仅仅局限于农业领域，迫于巨大的军事需求，这时的产学研协同创新已逐渐扩展到国家安全和军事领域，美国联邦政府也开始大规模资助产学研协同创新，开展了一系列企业与高校合作研发的工程，如“曼哈顿工程”和“雷达研制”工程，并组建了国家国防委员会，各方力量充分发挥自己的作用，共同进行重大课题和项目的研究。

7.1.3　美国产学研创新驱动的成熟阶段

第二次世界大战至 20 世纪 70 年代，美国的产学研创新驱动达到了一个相对成熟的阶段。第二次世界大战后，美国政府、企业和高校更加重视科研成果向生产力的转化，于 1950 年成立了“美国国家科学基金会”，并设立了“国家科学基金”，极大地促进了美国大学与企业间的合作，推动了科研成果有效转化。最为典型的是，斯坦福大学在特曼教授的建议下于 1951 年在美国西海岸的“硅谷”创立了斯坦福研究园，学校将校园内闲置的土地外租给校外的高科技公司，双方各取所需，最终达到合作共赢，这里后来也成为全球最大的电子工业基地。斯坦福研究园是美国历史上第一个以高校为核心创建的高新技术园区，以此为标志，美国的产学研协同创新进入一个相对稳定和成熟的阶段。

7.1.4　美国产学研创新驱动的繁荣阶段

20 世纪 80 年代以来，美国的产学研创新驱动逐渐走向繁荣。当今世界日新月异，新兴国家和经济体对美国的竞争不断加强，美国政府逐步将科技创新提升到了国家战略层面。1980 年，美国政府颁布的《拜杜法案》

更是进一步推动了美国产学研协同创新的进程。进入21世纪以来，科技创新能力愈来愈成为企业拥有较强竞争力的关键所在，与此同时，创新难度和风险也在不断增加，促使企业寻求更多的创新点，采取更加开放的创新策略，与大学和科研机构形成联盟，并与之进行更深层次、更全方位的合作（蓝晓霞，2014）。

7.2 美国产学研创新驱动的主要模式

美国产学研创新驱动发展至今已有200余年，形成了多种多样的组织模式。这些模式为美国的大学、企业和政府三方的合作提供了载体，不仅反映了各合作主体间的利益分配方式，且模式的选择是否合理很大程度上决定了最终的收益情况。综合文献查询，主要有8种组织模式。按照组建方式划分，可分为大学科技园模式、企业孵化器模式、工业-大学合作研究中心及工程研究中心模式、契约合作研究模式、咨询协议模式和技术入股合作模式；按照科研成果转化方式划分，可分为技术许可模式和大学衍生企业模式。以下是三种最具代表性的组织模式。

7.2.1 企业孵化器模式

美国是企业孵化器这一模式的发祥地，企业孵化器模式最早可追溯到由美国伦塞勒综合工学院推出的“培育箱计划”，是针对技术密集型和创新型小企业的诞生与成长的一种产学研协同创新计划，孵化目标是小企业和新产品，孵化的对象是高新技术成果（刘力，2006）。在该模式下，通常由大学、科研院所及政府为新成立的小企业提供基础设备、金融优惠政策和各种配套服务，通过这些配套的支持性措施，为企业的管理、融资和技术需求提供帮助，从而促进企业的发展和成长。美国有93%的企业孵化器为非营利组织，不仅扶植了一大批企业，促进了大学科研成果的转化，更为当地提供了数以万计的就业岗位，大大提高了当地的就业率。企业孵化器在美国大致可分为四种类型：一是由政府或非盈利单位创办；二是由私营企业和非营利单位创办；三是大学和研究机构创办；四是由私营企业创办。

7.2.2　科技工业园区模式

20世纪50年代，美国的高新技术产业迅猛发展，依托大学和科研机构建立的技术园区随之应运而生，人们通常称之为“工业园区”或“科技工业园区”（STP），其主要功能是提供信息资源的交流共享和搭建综合服务平台。这些工业园区大都建立在大学周围，大学拥有先进的实验设备、突出的科研能力和大批高素质人才，大大吸引了企业的投资和入驻，大学把企业的技术需求作为自己的科研课题，不仅解决了企业的燃眉之急，更密切了大学、企业和政府之间互帮互助的合作关系。最具代表性的是由大学组建的“斯坦福研究园”、由企业组建的“波士顿128号公路高技术园区”和由州政府组建的“北卡三角研究园”，均对全世界产学研协同创新的模式产生了重要影响。在美国的带领下，如今世界的科技工业园区已出现向第三代科技工业园区转变的趋势，与前两代不同的是，第三代更加重视开放式创新并衍生出了新的管理模式。此举不仅有利于留住高精尖人才，更有利于招揽企业投资，大大促进了美国科技工业园区的发展。

7.2.3　工业—大学合作研究中心及工程研究中心模式

工业-大学合作研究中心（I/UCRC）模式源于20世纪70年代，是在美国政府的引导和支持下，主要以研究型大学作为研究基地的一种产学研合作模式（冉美丽，2019），该模式是美国目前最成功和规模最大的产学研合作模式。一般包括有组织的研究单位、产业联盟和研发联盟三个联合体，主要资助研究方向介于以大学为主的基础研究和以企业实验室为主的应用研究之间。I/UCRC模式构建的思路主要是，前期由国家科学基金会（NSF）投入种子基金启动I/UCRC项目，建设完备的制度架构保障其高效运行并激发其创新能力，后期由大学、州或非政府组织提供完全资助。目前该模式的代表为：麻省理工学院的“生物技术加工工程中心”、马萨诸塞州立大学的“聚合物科学和工程合作研究中心”等。

7.3 美国产学研创新驱动的变迁特征

7.3.1 变迁类型——政府驱动型变迁

毋庸置疑，美国联邦政府在引导和支持其产学研创新驱动的过程中发挥了至关重要的作用，正是由于政府的大力支持，美国的产学研协同创新得以萌芽。伴随着政府出台的一系列政策法规和资金的大力支持，美国产学研合作得到了进一步发展。在经济学中有观点认为，市场在资源配置中起决定作用，能够自发地优化资源的配置，以满足当前市场的需要，因此政府无须直接干预经济活动。然而，企业与高校的合作中存在着机会主义行为，即在信息没有完全对称的情况下人们较难可以真实、全面地揭露所有信息。因此，在产学研协同创新的过程中，美国政府从最开始的不干预到之后的适度参与，美国政府的参与及其出台的一系列政策直接推动了美国产学研创新驱动的发展（武学超，2017）。

其中，美国政府对于产学研创新驱动的促进作用主要体现在：通过行政、立法等措施进行保障，完善监督监管机制，降低交易成本和研究成本，为美国的产学研协同创新营造了良好的合作环境，使得企业和高校不断加大在科技创新方面的投入；通过为企业和高校提供税收减免政策和财政补贴等政策，充分调动企业和高校的积极性，引导其搭建高效的技术创新平台；不断完善知识产权保护制度并颁布相关法律政策，大大推动了智力成果在美国的广泛传播，加快了将技术成果转化为生产力这一进程，以确保美国产学研协同创新蓬勃发展（汪佩伟和李帆，2000）。由于产学研协同创新过程中充斥着巨大风险，作为参与者的企业和高校希望在获得高收益的同时，降低风险，因而需要政府制定各种优惠政策、颁布相关法律法规，以保证产学研创新驱动过程能够稳健运行。因此，美国联邦政府参与产学研协同创新并驱动产学研协同创新的发展是必然选择。

7.3.2　变迁主要推动力——社会发展环境的变化

社会的发展和科技的不断进步推动了美国产学研合作模式的逐渐演变，其模式的不断发展与完善成为时代发展的必然要求。早期，为推广实用农业技术，促进农业经济的发展，美国政府颁布了《莫雷尔法案》及相关法律法规，政产学研合作由此拉开了序幕并在小范围内开始进行。随后，“合作教育计划”的提出促使高校探索与企业合作培养人才的模式，推动了产学研合作的进一步发展。之后，工业园区的相继建立使得产学研协同创新愈发繁荣。显然，在产学研协同创新的变迁过程中，每一次的变迁都与当时的社会环境变化息息相关。这种推动作用在战争年代尤为明显，第二次世界大战时期，迫于战争的需要，原子弹、雷达、军舰等军用物资的需求量猛增，迫使政府加大对科技研究的支持力度，以保证产学研各主体间的合作能够及时、高效地进行，从而为战争提供有力的后盾。因此，在不同的发展时期，政府都应适时出发相应的政策法规和保障措施，不断促进产学研协同创新的发展。

7.3.3　产学研合作覆盖范围逐渐扩大，内容逐渐充实

美国产学研协同创新在变迁过程中，呈现出产学研合作覆盖范围不断扩大、内容逐渐充实的特点。从覆盖范围看，美国产学研合作最初仅仅局限于农业和矿业领域，后来逐渐发展到工业、军事等领域，合作范围逐渐扩大且合作十分紧密，到目前为止，已基本覆盖了所有学科领域且合作强度不断加大。从变迁内容看，从最早出现的合作教育模式到合作研发模式，再到后来的合作产业化模式，产学研的合作形式愈发多样化和丰富化。适用于各类不同条件的产学研合作模式不断出现、推广和发展，为了

保证这些模式的顺利进行，政府的引导和支持也显得尤为重要。

7.4 美国产学研创新驱动的经验优势

美国的产学研协同创新经历了两个多世纪的发展历程，在不同阶段分别采取了各具特色的措施，最终获得了巨大的成功，其中不乏有益经验值得我们借鉴和学习。

7.4.1 政府提供政策和资金保障

美国政府在美国产学研创新驱动发展过程中扮演了至关重要的角色，主要用以提供政策和资金保障。一方面，美国政府颁布了一系列促进产学研合作的法律法规。主要用来引导产业发展和促进科技创新，这一完备且能相互配合的法律体系大大加强了产学研合作各个环节之间的联系，使其之间的合作能够顺利且高效的进行（赵京波和张屹山，2011）。另一方面，美国产学研合作具有雄厚的资金支持。美国联邦政府和州政府均设有专用经费，用以资助高校的科研活动，推动产学研合作能够持续稳定地发展。如在 I/UCRC 模式下，国家科学基金会（NSF）投入种子基金，有效地推动了 I/UCRC 项目的稳定发展，使该项目能够顺利与产业界的长远需求对接（Denis 和 Lindsey，2012）。此外，产业界合作意愿较高，多向高校直接提供资金支持或设立项目基金，资助具有创新性的科学研究项目。

7.4.2 高校扮演了重要角色

高校作为培养创新型人才和实现科技创新的重要阵地，是驱动创新型国家发展的重要支柱（谢开勇，2004）。当今世界，基础研究水平日益成为衡量一个国家科技进步和综合实力的核心指标，在美国的基础研究和应用研究领域，美国大学扮演了重要角色。美国的研究型大学注重培养高层次创新型人才，不断实现基础研究领域的重大突破，逐步占领众多技术竞争优势，为美国科技创新和产学研合作的成功奠定了重要基础。大学与政府和企业积极合作，不断推进产学研协同创新的发展，大大满足了企业所需的人才和技术需求（石留，2017）。如辛辛那提模式和安提亚克模式，大大推动了美国产学研合作教育的发展；此外，“斯坦福研究园”“波士顿128号公路高技术园区”和“北卡三角研究园”也取得了巨大成功，并使科技园区模式成了一种经典模式，并催生了惠普、google、yahoo等一批世界知名企业。美国大学在科技创新方面享有的独特优势使其能够得到多方的资助：一是联邦政府与州政府，设有专门的项目基金，用以资助大学进行产学研合作；二是企业的资金支持，企业通过捐赠或投入一定资金给大学，大学则帮助企业解决技术和人才方面的需求；三是地方政府和社区的经费支持，主要用来地方所需人才的培养。

7.4.3　企业发挥了主体作用

企业在产学研协同创新过程中是资金投入、产品研发和成果转化的主体，在美国整个的产学研合作体系中，美国企业充分发挥了其主体的作用。美国企业通过整合自身原有的以及大学和科研院所的资源，牢牢把握了市场的技术需求，提高了科技成果转化的效益，大大增强了企业自身产业的竞争力（蓝晓霞，2014）。美国企业在产学研合作的过程中作用突出，但大企业与中小企业的产学研合作模式有所区别。美国的大企业一般以企业为主导，最为典型的是企业大学模式。大企业通常实力雄厚，拥有独立的研发机构，形成了从研究到技术开发再到市场化的完整体系。同时，这些企业还同多所大学和科研机构开展了广泛的交流与合作，以期获得最新的技术和知识，最终将这些科研成果转化为现实生产力，进而提高企业收益。与大企业相比，中小企业虽在研发能力和资金方面弱于大企业，但中小企业的运行机制更加灵活，在技术转移成本和转移周期方面也更占优势，因此中小企业主要通过专利许可和技术转让模式，直接从大学和科研机构获得较为成熟的科研成果。美国政府认识到小企业在技术转移中的重要地位，制定了多项法律政策鼓励中小企业进行技术创新和成果转化。

7.4.4 建立全方位服务体系

美国完备的中介服务体系，促进了产学研协同创新的发展，大大提高了其产业竞争力。美国的科技中介机构数量繁多，种类齐全，能够为各大企业解决在产学研合作的实际过程中遇到的困难，并提供全方位的服务，帮助企业化解难题，渡过难关。如在技术转让方面，美国政府成立了一系列技术转让机构："美国联邦实验室技术转移联合中心"和"国家技术转让中心"，通过这些机构，将大学和科研机构成熟的技术和专利成果直接转让给企业，将科研成果有效地转化成了生产力；在资金支持方面，一些大公司通常将公司利润按一定比例划拨给合作高校，用来支持高校的科技研究，或通过中小企业投资公司提供风险资金，支持企业将科技成果产业化和商业化。20 世纪 80 年代，美国政府建立了小企业发展中心、中小企业信息中心等中介服务机构，其中小企业发展中心隶属于美国商务部小企业管理局，目前已在全国范围内形成了庞大的网络，为不同类型的企业提供全方位的服务。

7.5 美国产学研创新驱动对我国的启示

尽管中国的产学研合作模式与美国的产学研合作模式存在明显的差异，美国政府、企业和大学探索的多种合作模式仍然给我们带来了许多可供借鉴的经验，其成功的经验依然值得我们学习和借鉴，主要包括以下四个方面。

7.5.1 健全法规，完善政策保障体系

众所周知，美国产学研创新驱动的成功离不开美国政府出台的一系列

政策法规的保障，这些政策法规保障了合作各方的利益，更是其在产学研合作过程中的行为准则。为推动和保障产学研协同创新的顺利进行，美国政府在其发展的各个阶段均制定了相应的政策法规。从 19 世纪 60 年代至 90 年代，美国政府分别颁布了《莫雷尔法案》《哈奇法案》和第二个《莫雷尔法案》，大大促进了美国农业技术教育和农业经济的飞速发展；20 世纪以来，美国政府还相继出台了《拜杜法案》《斯蒂文森－怀德勒技术创新法》《国家合作研究法案》《国家竞争力技术转移法案》和《国家技术转移促进法》等法案，对大学研发成果的归属权、专利权、专利权使用费的分配等，各地方政府都作出了明确的规定，有力推动了信息高速公路、纳米计划、小企业技术转移研究计划和先进技术计划等产学研创新驱动计划的开展。通过一系列行之有效的法规政策，美国的产学研创新驱动大大推动了其经济发展和科技创新。针对目前我国在产学研合作过程中各方积极性不高和合作短期化、形式化等问题，我国也颁布了相关法律来保证产学研合作过程能够顺利进行，但都过于粗糙和假大空，缺乏实际操作层面的可行性（赵京波，2012）。此外，我国在科研成果和资金保障方面的立法不尽完善，且缺乏促进产学研合作的专项计划，这些都成为了制约我国产学研合作的瓶颈，也从侧面反映了产学研协同创新在我国未得到真正的重视。

为了解决我国在产学研合作方面法律法规不完善的问题，我们可以借鉴美国的做法：首先，充分发挥政府的宏观引导作用。国家可通过制定专项科研计划或项目，通过这些具体的项目，为大学和企业的合作搭建桥梁，引导其建立良好的合作关系，充分调动参与者的积极性。其次，制定和完善相关立法。相关部门要尽快对我国现有的关于产学研协同创新的法律政策进行梳理和分析，加快完善我国知识产权制度和技术标准体系，特别重视产权归属和收益分配等问题（全继刚，2015）。维护好合作各方主体的利益，使整个产学研合作过程井然有序。最后，增加科研经费投入。通过减免税收和提供补贴，加大对科学研究的支持力度，使其能够充分招揽科研人才，进而提升整体科研实力，以此来提高大学和企业参与产学研协同创新的积极性。

7.5.2 深化改革，健全管理运行机制

在产学研创新驱动方面，美国拥有世界上最为发达与成熟的服务管理机制，各种机制纵横交错，共同促进了美国的产学研合作（费艳颖等，2014）。第一，多元化融资投资体系。通过完善的贷款担保服务和金融支持，刺激美国企业加大对技术创新资金的投入，为企业提供了完善的金融服务和风险投资资金。第二，网络化产学研合作体系。不仅使产、学、研的各个环节快速有效地连接了起来，还使相关机构协同起来，达到最大程度的合作与共享。第三，科技中介服务体系。因其具有灵活的投资方式、完善的项目评估体系和风险评估体系，因此在构建信息网络和技术支撑服务方面充分发挥了其桥梁和纽带作用。

产学研协同创新的模式只有同让其能够有效运转的机制相结合才能够真正发挥其自身优势，与美国系统化和制度化的产学研协同创新模式相比，我国还存在着很多不足之处，主要体现在以下几个方面：一是我国市场经济体制的发展还不够健全，在科技产品研发的知识产权和专利问题方面缺乏配套的制度保障；二是高校研发多停留在实验室，缺乏有力的社会中介体系来协调高校科研与社会需求之间的关系；三是对高校的资金支持和风险投资力度不够，且缺乏科学的分析与指导（李强，2015）。因此，一方面，我国各级政府应加快完善产学研合作的资源配置机制，鼓励人才和资源合理有序流动，推动建立科技中介服务体系，支持中介组织的发展，并提高其服务水平。另一方面，高校也应完善其内部管理体制，通过对高校内部科研人员的激励与鼓励，进一步提高其科研的积极性与科研能力，最终引领和造福社会。

7.5.3 转变观念，培育协同创新文化

知识经济时代已经到来，当今世界的创新竞争日趋激烈。我国在 2006 年召开的全国科技大会上明确提出要“加快科技自主创新，建设创新型国

家”，因此我们要对建设创新型国家和人才强国的意义有清醒的认识，作为创新主体的大学、企业和科研院所更要将其作为自身发展的重要战略。在认识上要转变过去昔日故步自封的观念，自觉增强合作创新的新观念；在行动上要转变过去的闭门造车，积极寻求帮助、谋求合作、互利互惠、共同发展。政府则应充分发挥其引导作用，加大对于协同创新文化的宣传力度，使协同创新观念能够深入人心，并为其发展创造良好的条件，使我国产学研协同创新能够更加高效地发展，更加适应我国产业升级的需求，进而带动全社会重视和参与创新（叶向东，2007）。只有让创新驱动的观念深入人心，提高个人对科学创新的兴趣与追求，科技创新活动才会更加广泛，我国的产学研协同创新才会更有活力，进而得到稳定持久的发展。

7.5.4　努力构建多元化、立体式的投入体系

与美国庞大健全的投入体系相比，我国的科研投入体系还不够完善。美国联邦政府在科技研究与开发的投入中，有三分之一用于实验室和研发中心（何洁等，2013）。同时，除联邦政府对科研的大力支持之外，民间的科技创新也为美国的产学研协同创新贡献了自己的力量，联邦政府更是采取了一系列措施吸引民间资金的投入，促进科技成果的不断转化。因此，当前我们需顺应时代潮流，加快构建以政府投入为主导、企业和科研院所投入为主体、社会资金投入为补充的多元化、立体化投入体系，为我国产学研创新驱动提供充足的资金保障。一方面，充分借鉴西方发达国家的经验，丰富科技成果转化和技术转移引导基金的支持模式，委托专业机构运营，将高校和科研院所的科研成果进行技术集成和熟化，再将其推向市场；另一方面，与有意向的高校和风险投资机构设立风险投资基金，用于投资早期高风险的企业。此外，我国还应充分吸收民间资金参与风险投资，吸纳资金支持。

7.5.5　积极搭建完备的产学研合作的服务体系

完备的产学研合作服务体系有利于加强企业、高校和科研院所间的沟

通与交流，然而，当前我国的产学研合作服务体系还不够健全，存在诸如科技中介服务机构少、科技网络信息平台不健全等问题。因此，下一步我国要加大对科技中人员的培养力度，加快形成高质量的科研中介服务机构，进而打造全方位、多层次的科技中介网络服务平台（黄明东等，2017）。同时，整合现有的科技资源，进一步发挥原有的科技创新服务中心和重大创新平台的作用，重点解决企业在创新过程中信息不对称的问题，推动和完善科技信息服务体系的建设。此外，进一步完善在线服务平台的功能，依托中国技术交易所和国际技术转移协作网络等平台，开展线上交流，并鼓励相关机构开展“O2O”（线上线下相结合）服务，同时满足技术供需双方的要求。

7.6　小结

知识经济时代的到来和创新竞争日趋激烈的趋势使我们认识到，“协同创新”为未来我国大学、企业和科研院所之间的合作指明了前进的道路和方向，也让我们认识到，当今世界的发展不能仅仅依靠某一方的努力，而是多方合作共同推进的结果。“协同创新”不仅打破了创新链与产业链分割的局面，更为科研成果和专利的转化提供了平台，直接推动了高校将自身优势直接转化为经济收益。

为此，我国政府应结合本国具体的国情，加快完善产学研协同创新制度，加快建立社会中介服务体系，为产学研协同创新提供强大的政策保障和资金支持。大学和科研院所应不断适应创新环境的变革，加快与国际科研水平接轨的速度，提升自身知识生产和服务社会的能力。产学研协同创新各方应不断探索更优的合作模式，打通创新链条，以加速科技成果转化，获得更大的经济效益和社会效益。

第 8 章

日本产学研合作的经验与启示

产学研合作的过程是一种学术性的产业活动过程，又是产业性的学术活动过程（徐浩贻，2005）。虽说产学研合作已成为我国创建创新型国家的重要举措，但是在政策保障、政府定位、平台搭建、产学研合作的密切联系程度方面还有待加强，不能满足产学研一体化深入发展的需要。日本的产学研合作从萌芽到成熟已形成了完善的产学研合作体系，对我国产学研合作有一定借鉴意义。通过对日本产学研合作发展历程、合作模式、基本特点的了解，从中汲取产学研合作的有效措施，结合我国产学研合作发展现状与发展中存在的问题，以完善我国产学研合作相关政策、制度、机构等，促进我国产学研密切合作。

8.1　日本产学研合作的发展历程

产学研合作不是企业、大学和科研机构功能的简单相加，而是三者之间相互作用从而发挥系统整体性功能（闫青等，2008）。第二次世界大战之后，日本的产业发展史就是一部充满憧憬和挑战的产学研成长史，产学研在产业发展中举足轻重（Yoshioka - Kobayashi Tohru，2019）。第二次世界大战后，日本的经济遭受毁灭性打击，日本政府、企业等各行各业都在向发达资本主义国家寻求恢复经济、发展经济的方法，探求有效的经验，其中主要借鉴了美国在经济发展中的措施。随着经济发展形势好转，国内外时局紧张，日本政府从吸收国外经验转而进行自主研发工作，初步发展并完善产学研一体化。在日本产学研合作发展历程（图 8 - 1）中政府的介入是日本产学研合作的一大特点。

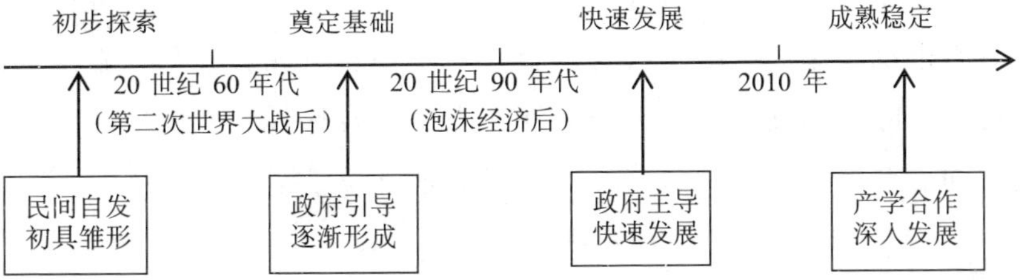

图 8 - 1　日本产学研合作发展历程

8.1.1 初步探索阶段

早在1933年，日本就成立了全国性的“产学合作研究委员会”用以促进大学和企业的合作，不过这是日本产学研的雏形，远未形成规范性的模式（Robert等，2017）。而日本产学研的正式结合始于20世纪60年代，政府的介入标志着产学研正式结合。在此时，主要由民间自主进行技术咨询，研究经费主要来源于企业捐赠，高校的参与度不高。产学研合作初具雏形，但面临着信息不对称且信息获取难、资金分配等问题，还有交易成本高、风险大，无政策保障各参与主体的合法权益等困境。在初步探索阶段，未建立起产学研相关制度，产学研合作过程艰难、无法产生集聚效应、组织松散。

8.1.2 奠定基础阶段

第二次世界大战后，为恢复日本经济，日本政府改变发展重心，振兴经济成为其首要任务。由于日本缺乏自然资源，日本政府便把发展经济的重心放在科技创新上，通过出台政策、建立研究中心、积极引导、用资金鼓励支持国家重点领域的产学合作，大学开始注重应用型人才的培养，企业更看重能够产生直接效益的科技研发成果，逐渐形成官产学联合发展机制。这一阶段的产学合作主要是在日本政府的引导下就国家产业技术的大型攻关项目以及国家重点支持研究开发的产业领域展开特定的合作研究（智瑞芝，2009）。通过这一阶段的产学合作，日本的国民经济得到迅速发展，在政府主导下，产学研合作促进了日本企业的发展，对日本的经济复苏也有着推动作用。但由于政府的服务功能还有待完善，存在着法律法规不够健全，除国家支持的重点领域外的产学研合作程度较低，产学双方因研究方向、合作时长、利益分配方面产生分歧等问题。

8.1.3　快速发展阶段

1990 年以后，随着亚洲各工业国家的兴起，日本制造业的国际竞争优势逐渐变弱，在国际国内诸多因素的影响下日本泡沫经济崩溃，陷入长达近 10 年的低迷期。综合竞争力从 1993 年开始下滑，至 2002 年已降至 30 位，其综合竞争力不仅在西方 7 国中排名较后，而且还排在许多新兴工业化国家后面（Momaya 等，2006）。为应对泡沫经济带来的负面影响，完成产业转型、维持自身产业的竞争力、控制成本保证经营效益，日本政府意识到前沿领域的重要性，产学研合作成为解决困境途径之一。日本政府逐渐发挥主导作用，为产学研合作营造良好的社会环境，使产学研合作拥有多重保障。政府主导下，产学研合作后的研究成果市场化解决了内在激励问题，科研成果的权力化解决了分配问题。中介机构应运而生，产权问题提上日程，解决了大学与企业合作后的大部分后顾之忧，使得产学研合作更稳定、规范、安全。

8.1.4　成熟稳定阶段

随着时代的发展，全球经济已经进入知识经济时代，在技术密集型过渡到知识密集型的过程中，日本政府意识到产学合作可能会对双方的创新能力、人才培养，经济效率方面有着相互促进的效果，可以激发各自潜能。20 世纪 90 年代以来，日本产学研合作深入发展，企业和大学的合作倾向愈发明显，再者，科技革命迅猛发展，全球市场中高新技术产业所占比例较大，产品转化周期不断缩短，所以日本企业除发掘自身优势及创新能力之外，还须与拥有雄厚科研能力、科研资源的大学和科研机构开展合作，不断开发新领域。这一阶段产学研合作规模日益壮大，合作研究课题与成果的数量也与日俱增。

8.2 日本产学研合作体制构成

8.2.1 共同研究中心

共同研究中心又称地域共同研究中心，是以推进产学共同研究为目的，具有通过开发先进技术对区域经济发展的促进功能（时临云和张宏武，2010）。主要提供技术场所、研究信息、技术条件、技术服务、技术咨询等。共同研究中心最早设立在公立大学，经过时间的发酵，公立大学与私立大学争相设立。共同研究中心作为科技研发主要场所，产学研合作的多数项目在此办理，根据企业发展需求共同确定课题并将符合企业要求的科技研成果产业化，是产学研合作体系的关键枢纽。

8.2.2 大学知识财产本部

大学知识财产本部是产学研进行对接的场所，是对外的窗口。本部以对大学知识的创造、管理、利用为目的，提供科研类人力资源、帮助企业、政府培养高素质人才，提高技术人员的创新能力和技术能力。本部主要业务是知识财产政策等相关规程的建设、人才相关组织体制建设及对大学的宣传工作，不仅在校内进行宣传，还将部分经验和成果向其他大学进行宣传和示范，以强化产学研合作体系。

8.2.3 技术转移组织

技术转移组织是将大学的研究成果知识产权化，根据各个企业对科研的市场需求向企业转移，相当于产学合作过程中的“中转站”。主要业务包括发掘研究成果、评价和选择、申请专利、研究成果权力化以及知识产权保护、提供研究成果相关技术信息等。详解之，将具有市场潜力、可直接被企业利用的研究成果，经过成果权力化，由技术转移组织将其转让，再由企业直接生产，由此实现研究成果向现实生产力的转变，促进企业科学技术、经济力量的提升，最终服务于社会。大学研发投入在产学合作的技术转移中发挥着十分重要的作用（Jerry 和 Marie，2002）。技术转移组织在产学研合作过程中起中介作用，是大学与企业之间联系的纽带。

8.2.4　协调员及规划师

根据产学研合作的具体情况，日本政府发现产学研合作过程中大学内外部宣传工作、研究成果的技术转移、知识产权意识等存在问题，缺乏具有专门知识和实务经验专业人士的情况，日本于 2001 年开始在大学配备产学研协调员，协调大学的各种对外合作事务（张同建等，2020）。产学研协调员分为三个层次：第一层次，将大学的学术基础与企业需求结合，发挥发掘、协调的作用，以促进技术及时转化；第二层次，在大学内外部进行产学研合作策划、对不足之处提出建议、广泛宣传企业技术人员与大学教师对于研究项目的构思等工作；第三层次，主要包括区域合作体系的构建支援，利用全国性网络对应产业界的广泛需求以及通过学术源泉创造、鉴别来促进学术成果与产业化的联系等（时临云和张宏武，2010）。协调员的日常行为包括募集公共资金、总括大型公共研究、起草契约书、管理产学研流程等（王涛涛，2013）。当研究成果未转化为权利的意识，“知识产权”被埋没。产学研合作的规划师将利用自身专业能力挖掘出杰出的研究成果，设计知识产权战略。

8.3 日本产学研合作的基本特征与合作模式

8.3.1 日本产学研合作的基本特征

1. 以政府为主导，产学研合作为基本国策。政府是产学研合作框架的搭建者，是产学研合作秩序的维护者，是产学研合作环境的提供者（赵善庆，2014）。在日本，产学研合作被称为“官产学”或“官产学研”合作，一个“官”字，突显了政府在产学研合作中的官方主导性。20 世纪末期，日本产学合作开始向产学官方向发展（张同建等，2020）。日本产学研结合由专门的国家机构负责，出台相关政策，颁布法律法规，出资建立各种研究中心，对有突出研究成果的科研项目拨发资金奖励，对高新技术企业进行财政方面的优惠鼓励，并在体制内成立“促进研究交流协议会”。由此看出，日本政府是促成产学研结合过程中的关键因素。早在日本产学研合作的初步探索阶段，日本政府就开始利用多项政策，引导产、学、研进行合作，随后更是提出“科技立国”的口号。为推进产学研合作创新持续发展，日本政府将其上升到基本国策的高度，在日本政府引导下，产学研通过多种方式发展合作，利用各方资源特点实现优势互补，以科技创新带动经济发展。

2. 以企业为主体，构建产学研合作体系。在日本的整个技术创新体系中，企业一直扮演着主角（俞晓军，2004）。20 世纪 80 年代以前，日本产学研合作体制由学官产，后来逐渐转变为产学官，从中便可感知企业的地位日渐突出。日本重大产业化项目主要采取产学研合作方式，政府鼓励产学研联合申请国家重大科研项目，同时鼓励中小企业参与其中。产学合作在推动创新方面作用巨大，产学合作是提升企业创新能力的重要因素（Dyer Jeffrey 等，2004）。在日本，科研经费除了政府的财政支持外，企业是科研投资的主体，因大部分科研经费来源于企业，企业对科研的投资力度直接影响全国科研经费的变动。企业在科研成果产业化进而推动经济发展，起着重要作用，建立以企业为主体的产学研合作体系，才能加快技术转移，实现科研成果的市场化和社会化。《2019 年度全球竞争力报告》显示，日本位居世界第 6 位、中国位居世界第 28 位，证实了以企业为主体的产学研合作体系的优越性（孙成等，2021）。

3. 产学研合作形式多样。关于产学合作，西方学术界达成共识的定义是：高等教育体系任何部分与产业间的互动，目的是为了促进知识和技术交换（Rudi 和 Isabel，2008）。日本产学研合作的形式主要有委托研究、共同研究、接受社会资助、派遣研究员等形式，利用这些形式将产学研合作各参与主体有机结合，共同致力于科技创新与技术转化。产学研合作关系如图 8－2 所示，为推进产学研合作，日本政府将大量研究课题与研究经费投入到多项科技计划，其中高新技术领域备受青睐。同时，日本政府还特别重视技术开发层次，使高新技术成果产品化周期逐渐缩短。

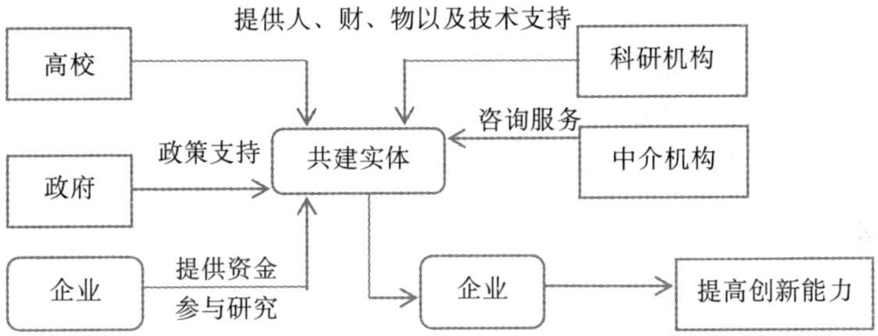

图 8－2　产学研合作关系

4. 创办中介机构，促进科研成果产业化。日本产学研的发展，在很大程度上得益于各类技术转移组织的“中介”作用，将高校的发明转化为新兴产业，并将部分收益返还给研究者（时临云和张宏武，2010）。日本是中介机构的创始国，是日本产学研合作的独特之处。在日本，中介机构又名高科技市场，为大学、科研机构和企业搭建合作的桥梁。中介机构可以在大学和科研机构中挑选具有市场潜力的研究成果，可以申请专利，也可以协助创办风险企业，有效促进大学和科研机构的研究成果产业化和科研成果向企业转移。

8.3.2 日本产学研合作模式

1. 共同研究模式。1983 年，文部省在学术国际局设置了“研究协作室”，以此作为产学协作的窗口，促进大学与产业界的协作（张锁柱，2001）。共同研究模式，即大学、科研机构与企业以对等立场，利用各自优势资源就双方达成一致的共同课题开展合作研究。共同研究模式分为分担型与普通型，分担型是指企业与大学就共同课题分别利用自己的资源进行研究活动；普通型是指企业提供研究经费，大学提供人才，双方在大学内研究课题的研发活动。

2. 委托研究模式。委托研究是大学接受企业或国家机关、地方公共团体的委托进行公务研究，然后通过向委托者报告成果内容的一种合作形式（时临云等，2010）。“公务研究”是在大学教师已有研究基础上的研究，不接受与大学教师的课题研究毫无关联的研究。此模式下，委托研究的课题由企业按需提出，受委托方拥有知识产权，委托方拥有优先使用权。日本产学研合作通过共同研究模式与委托研究模式，使得研究项目数与参与研究的企业数都有着不同程度的增长。

3. 接纳受培训研究员。接纳受培训研究员即派遣研究员，指大学为企业与政府的工作人员提供专业知识以及技能培训。此模式下企业根据未来发展需求，派遣企业科技人员到大学接受相关领域的培训，以提高其技术能力和创新能力，为企业开发研究做准备。大学研究员到企业兼职，及时了解企业需求、洞悉市场变化，利于企业自主创新力量的培养。企业通过对大学教授的聘任取得了专利技术，形成了产品核心竞争力，同时教授也受到了优待，实现了产学双赢。

4. 接受社会资助。社会资助是指外界以研究或鼓励教育为目的的对大学、科研机构的捐赠。提供资助的捐赠者可以指定研究的领域、方向、科研构成人员，但捐赠者不能无偿获得科研成果取得的专利权或使用捐款产生的经济效益。大学获得社会资助也可用于改善研究设备与研究环境。20 世纪 90 年代后期，捐赠研究占企业赞助国立大学研究的 85% （Robert

Knellwe，2003）。

5. 科技城和高新技术园模式。科技城和高新技术园模式吸收借鉴与美国硅谷经验，实质上是通过投入大量资金在综合资源相对丰富的地区兴建科学城以达到培养人才的目的。筑波科学城是日本 20 世纪 60 年代为实现“技术立国”战略而建立的高新技术工业园区（耿乐乐，2020）。日本政府兴建科学城，培养了大批科技人才，在产学研合作发展过程中渐渐产生集群效应，加速了研究成果产业化。除上述产学研合作模式外还有其他不同规模企业与大学的合作形式（图 8－3）。

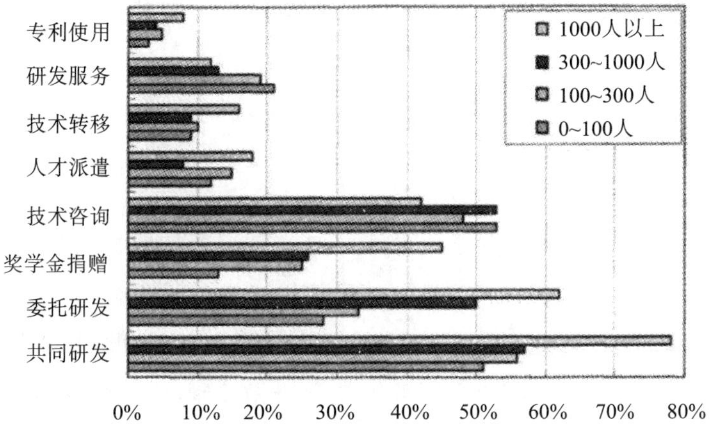

图 8－3　其他不同规模企业与大学的合作形式

8.4　日本产学研合作的经验

8.4.1　政府的引导作用

第二次世界大战后，日本运用政府的主导力量，积极干预经济，加快资本的原始积累，促进市场体制的发展，造就了日本的经济奇迹。在产学研合作上，日本政府也一度发挥了主导作用（黎海波，2008）。但是随着全球化与市场环境的不断变化与发展，如果只强调政府作用，就会使部分大学和科研机构主要是以完成任务而进行科研工作，导致科研成果脱离真正的市场需求，造成科研资源的浪费以及产学研合作效率低下、合作关系破裂，所以政府职能的转变势在必行。因此政府需根据企业发展期望与市场发展规律，反思自身作为，转变工作方式，正确引导产学合作面向市场，推动产学研合作。通过出台法律法规，明确各方参与主体的职能与利益，营造良好的政策环境，降低产学研合作的交易成本，发挥参与主体的积极性，实现优势互补以达到利益最大化。政府职能的转变使得日本“学官产”的提法变成了“产学”的提法，这对我国政府在产学研合作中的定位有着很大启发。

8.4.2 有利的制度环境

日本政府为大力推进产学研合作，通过制定产学研相关制度，明确规定了产学研合作的内容、利益分配、模式等，为产学研合作持续发展创造有利的外部环境。首先，完善产学研相关制度。自 20 世纪 80 年代开始，日本政府先后建立了共同研究制度等产学研相关制度，通过这些制度，企业与大学之间的合作愈发紧密，一方面，大学拥有丰富的教学资源、雄厚的科研资源以及大量创新型人才，可以给企业输送高素质人才，为企业创新领域提供科研支持；另一方面企业拥有市场和资金，可以使大学产出的科研成果市场化、产业化，将人才与技术转化为经济优势，从而提升经济效益，进而促进产学结合发展；其次，制定与产学研合作相关的法律法规。为产学研合作能够顺利进行，日本制定了多个涉及产学研协同育人的法律，明确了参与各方的权利和义务边界，为参与各方的利益提供了保障(耿乐乐，2020)。1995 年，日本政府颁布《科学技术基本法》，1998 年，日本国会通过了《大学技术转让促进法》和《研究交流促进法》，用以促进大学的研究成果向企业转让（Kim Woonghee，2009)。使得企业与大学以更加灵活的方式进行产学研合作，过去由政府提供研究经费所得知识产权归国家所有。为促进资源合理利用，借鉴了美国经验，1999 年出台了

《产业活力再生特别措施法》，此法律使之前归国家所有的知识产权，一部分归企业，从而提高企业参与产学研合作的积极性。最后，实施优惠政策。主要涉及税收、人才、资金等方面，如延长减免试验研究费税额期限、共同研究、委托研究减免税收、研发成功率低减免贷款本金，以此来减轻企业研发成本。一系列法律法规的出台，不仅强化了产学研在科技创新中的地位，也促进了产学研由“模仿创新型”向“自主创新型”的转型（张同建等，2020）。日本企业提供的课题种类、课题数、科研资金都有了不同程度的增加，产学利用各自优势，就共同课题开展研究，共同创造出优秀的科研成果。

8.4.3　创办中介机构

产学间的知识转移深刻影响着国家创新体系的发展（Kun Chen，2006）。为转移大学科研成果和促进科研成果产业化，日本政府建立了很多中介机构，集中分布于大学与科研机构密集区，以加强产学研合作。为减少科研人员科研成果产品化的工作负担，中介机构还备有精通专利事务的专业人才，可判断研究成果是否具有产品化价值。产学研合作的顺利开展、科技成果的转化等都离不开科技中介体系的建立。发展专业化的科技中介服务体系将会促进产学研各方的知识流动与技术转移（张惠东，2015）。技术转让机构作为一种中介机构，是科研成果产业化的一个催化剂，促进科技成果转化为生产力。

8.4.4　建设科研基地

为促进产学研合作进一步发展，日本政府开始在日本的中等城市建设科技城，中等城市综合了大学、科研机构和高新技术产业的资源，以学术资源为依托，与企业共享资源，使得大学与科研机构的科研成果快速产业化，拉动经济发展。除日本政府建立的科技城外，日本的大学也相继建立科学园，其中筑波大学作为筑波科技城的核心，最负盛名。

8.4.5 重视人才培养模式

产学合作研究前沿技术，以根本性创新突破为目标（Eva M 等，2004）。人才是产学研合作的基石。日本政府非常重视人才的培养和引进，为产学研合作持续发展提供人才支持，在培养本国人才方面，大学与企业之间建立了紧密的合作关系。一方面，对于在校生，企业为大学提供实习机会，学生选择心仪的企业，达成双向选择时便可确定实习地点与实习人员，到期参与工作；或者由大学同一组织在校生进行实习与讲座相结合的实习方式。另一方面，对于新生，学校制定新生休学制度，新生可以申请休学一年，去到想要工作的地点体验工作带来的感受，增加自身对企业的认知与自主判断力。日本的产学合作人才培养模式，主要特征是强调应用型职业教育特色、突出专业课程设置的灵活性与实践性重视产学协作的共同教育以及注重“双师型”职业教师队伍建设（潘华，2018）。学生不仅要受到校内老师的指导，还需要接受职业训练指导员的指导。职业训练指导员不仅需要有丰富的理论体系，还需过硬的操作技能，所以必须先去企业工作，然后再进入大学开展教学工作。通过企业的工作经历，可以使职业训练指导员对市场需求有着更清晰的认知，可以奠定产学合作的研究起点。

8.5 日本产学研合作对我国的启示

国内外实践研究表明，产学研合作是一种国家创新行为（Freeman，1987）。产学研合作在国家创新体系建设中有着重要的地位和作用。在对日本国家创新系统的借鉴研究中，要立足本国资源禀赋，重点分析中国国家创新系统的特殊性（李正风和曾国屏，2004）。日本科研体制改革，激活了高等院校科研力量的经济效益，为研究成果转化为生产力提供了政策保障。相较于日本，产学研合作虽已成为我国实施科教兴国战略、创建创新型国家的重要举措，但是在政策保障、政府定位、平台搭建、产学研合作的密切联系程度方面还有待加强。此外，科技成果有效供给不足、高校和科研机构不能给企业提供充足数量和较高质量的生产技术（胡恩华和郭秀丽，2002）。也是我国产学研合作中遇到的问题。日本产学研合作经历了几十年的发展，形成了完善的产学研合作体系，对我国产学研合作有一定借鉴意义，因日本与我国政治制度与经济制度的差异，需把握借鉴方法与借鉴程度。

8.5.1　制定和完善相关法律法规

法律规范对专利权的保护是学术创业的关键，是提升产学合作效果的核心（Phan 和 Siegel，2005）。我国的产学研合作开始于 20 世纪 50 ~ 60 年代，虽出台众多政策法规，但政策比较分散，重规定和指导，缺乏实操性，导致执行效果不显著，其内容也不符合当下经济发展与现实需要，产学研合作也未上升到基本国策。反观之，日本政府的推进效率较高，政策措施的操作性强，在每年度末对各项施策的目标完成情况进行总结，并根据具体实施情况做出调整（曹勇等，2009）。在立法方面，我国应借鉴日本的做法。保证法律的实施都有其配套政策，颁布法律要具有连贯性，系统的构建法律体系，从而逐渐完善我国的创新系统。按照固定期限将每年的战略目标与实施情况做出总结，并从中找出不易落实之处，提出新的解决之法，扫清落实法律政策的障碍，使其更具有操作性。

我国应借鉴日本政策经验，制定专项法规、完善产学研相关政策制度。首先，完善国家创新体系。在机制、模式、原则等方面制定指导意见，将产学研合作上升到国家战略层面；其次，完善科技成果转化政策。明确企业、大学、科研机构在科技成果转化过程中的角色定位，偶遇分歧时各参与主体协作沟通，设立专利转化机构，对转化过程中付出贡献较大者给予奖励，充分调动参与主体的积极性，增强转化过程中各方人员的参与感；再次，制定产学研合作专项税收优惠政策。我国虽出台研发投入实行税收抵扣，但对于企业委托的而产生的研究活动不享受此政策优惠；最后，制定人员交流激励政策。政府发挥其引导者、组织者的作用，鼓励大学、科研机构开展科研讨论，促进科研结果的形成；鼓励企业中有技能专长的技术人员到高等院校进行讲座，对其获得报酬中的个人所得税给予一定减免，鼓励大学、科研机构的科研人员到企业挂职工作，对于符合条件的科研人员，政府以津贴形式予以资助。

8.5.2 构建产学研合作信息平台

新世纪以来，我国产学研合作虽然取得了很大的成就，但总体而言并不成熟，存在着科技成果转化率低和科研成果不具有实用性价值等许多问题，最终导致科研资源浪费、合作成本加大。目前的信息技术交流平台不足以支撑产学研的深度合作（时临云等，2010）。信息不对称是导致这些问题产生的原因之一，当产学双方信息沟通不顺畅，就会出现企业的市场需求与科研人员的研究方向不契合，企业不了解科研方的科研能力与科研进度就会使得企业在投入生产科研成果之前就存在着风险，科研方不了解企业的发展前景与自身实力会出现科研成果与企业技术不匹配的状况，造成资源浪费，最后的时间、经历、资金都会付之东流。需要政府部门搭建产学研合作信息服务平台，以促进产学双方及时了解对方信息，以及市场信息的变动，解决信息不对称的问题，为产学研合作提供信息保障。在此平台上，应尽可能覆盖大学科研人员所做课题，以及企业相关科研项目，并使这些信息在最大范围内共享，同时在遵守保密协议的前提下，定期发布课题信息与科研项目信息，促进科研成果的有效扩散。经过各种信息资源不断涌入，产学研合作信息服务平台内部形成了能够使产学共享的信息库，从而缓解信息不对称带来的资源浪费等问题，促进信息对称化，加强产学研各方的信息交流，促进产学研高效合作。

8.5.3 积极发挥中介机构作用

发达国家建立了多层次的中介协调机构，以降低信息不对称所带来的交易成本（耿乐乐，2020）。首先，借鉴日本经验，培育一批水平较高的中介机构，在产学研合作中发挥桥梁和纽带的作用。当前我国已建成的中介机构存在着规模效应差、功能性不强、服务能力弱等缺点，政府可依据现有中介机构存在问题，重点扶持有较大影响力的中介机构，起到示范作用，促进其他中介机构完善自身、做大做强。为引导中介机构支持产学研合作，政府在一定程度上对这些机构进行资金资助或者相关优惠政策。其次，加强诚信能力建设。对中介机构的从业人员进行诚信教育，促进中介机构集约化，树立中介机构公正、客观的良好印象。建立定期评价考核制度，加强对中介机构的监管力度，定期培训从业人员，提高其服务能力。最后，制定适合我国国情的中介法律与扶持政策。加强中介机构法律政策研究，使得中介机构可享有中小企业的相关政策。

8.5.4　大力推进技术创新联盟建设

技术创新联盟是在一定条件下，形成的技术、资源、资金的共享平台。当下我国产业创新能力较弱，很多行业都缺乏龙头产业。因此，国家要对技术创新联盟建设予以高度重视，并出台相应政策支持。结合我国国情、总结日本建立技术创新联盟经验的基础上，选择发展国民经济的重点产业，与大学、科研机构形成多个产业技术联盟，共同突破产业面临的困难和创新技术瓶颈，集合多方研发力量共同攻关，最终实现成果共享，在合作过程中提高各个参与主体的创新能力，进而推动整个产业发展。

8.5.5　重视企业的主体地位

近半个世纪以来，日本制定了各项政策和制度，来鼓励企业深度参与产学研，积极在产学研合作中发挥主导性的作用（Szucs，2018）。在政府的积极引导下，日本产学研合作体现出以企业为主体的特征。产学研合作项目应从企业发展需求出发，国家科技计划中的重大产业化项目应主要采用产学研合作方式，鼓励企业与科研机构和大学联合申请国家重大科研项目，同时鼓励中小企业参与国家科技计划项目（刘彦，2007）。日本在发展经济时，一些大型企业因其自身的产业优势参与了国家重大科研项目，促进了产学研合作。在合作中，突出企业的主体地位对提高我国产学研合作水平具有重要意义。我国的产学研合作中，政府参与度过高，企业的参与度却很低，难以形成群体效应。日本企业的产学研热情明显高于我国企业，这是促成日本产学研高质量发展的一个重要因素（张同建等，2020）。对此，我国在发展产学研合作时，应该尊重市场发展规律以及企业的作用，尤其是中小企业的作用，中小企业是促进科技成果产业化和经济持续增长的重要社会力量（李恒，2009）。目前，我国已制定和颁布有关产学研合作的优惠政策，但大多只有大型企业享有此优惠政策，专门针对中小企业的技术创新与产学研合作方面的政策倾向较为缺乏。中小企业的技术创新不仅仅是自身寻求经验、与外界机构合作，同时也有赖于政府制定相关政策，积极引导中小企业的发展、提供政策支持。在此需借鉴日本产学研合作成功经验，重视中小企业的技术创新，给予中小企业法律保障。

8.5.6 完善产学研合作相关机制

1. 政产学研人才流动机制。日本“产学合作”在经历了政府主导的被动合作阶段后，逐步进入了产学互动深化的积极合作阶段，并从科技成果转化、科技研发逐步拓展至联合开发人才，乃至应用型人才的培养方面（王丽燕和庞昊，2017）。借鉴日本经验，以产学合作的方式培养人才，可以使企业实际人才需求与大学相应课程进行对接与调整，从而促进产学融合。只有根据实际需求，调整人才培养模式，才能使培养出来的人才满足社会对人才的需求。我国因多方面条件的限制，对于人才培养未能取得突破性进展。应结合当地企业与大学的特点整合产学资源，让大学内的科研工作者深入企业，参加与研究课题相关的工作，激发科研人员灵感，是产学结合更紧密。大学教师缺乏企业实际的工作经验，企业中的技术人员缺乏教学经验，政产学研人才流动机制的建立，为此种境遇提供了新渠道，企业派遣科技人员到大学担任兼职老师，大学在选聘时要对其专业水平、工作时间等有明确规定，为保证其授课质量还需对其教学效果进行评估；大学的教授和各领域的优秀专家到企业进修授课和讲座，传授相关理论知识与实际技能，使理论与实际相结合。政产学研人员流动还应建立有效的约束机制，避免政产学研合作形式化，利于政产学研长期合作，提高双方事件、教学能力。

2. 利益分配机制。目前符合我国现阶段特点的产学合作利益分配机制有两个选项，一是产学共有产权；二是大学拥有产权，企业在一定时间内获得产权的垄断或非垄断使用权（许悦雷，2019）。我国产学研合作存在利益分配制度不健全、利益分配与风险承担不平衡以及监督机制不完善等问题。改善这些由产权产生的问题，有益于产学研合作的深入发展。产权是产学合作中利益分配的关键。首先，明确各参与主体的权利、义务和责任，可有效缓解因利益冲突而产生的不利影响。当产权问题发生时，必须考虑产学双方在产学研合作中所提供的科研资源、资金比例、双方人才对科研项目的贡献大小等。建立权责清晰的产权政策，制定利润分配原则和利益冲突方案，以保产学合作顺利进行。其次，各方的利益分配应以协议方式进行规定。在达成产学研合作前，各参与主体将其所求达成协议，合作过程中若遇利益冲突，根据实际研发情况共同协商解决办法，实时进行调节。最后，因我国缺乏可参考的利益调节协议范本，所以政府相关部门应出台协议范本供产学研合作者借鉴，为产权问题的解决提供渠道，调节产学主体利益，以提高合作效率，更好的实现产学研合作。

8.6　小结

本文通过了解日本政府对产学研合作的重视程度、日本产学研合作的特征与有效途径，结合我国产学研合作发展现状，提出相关法律、平台、机制的建设与完善。众所周知，科技创新已然是各国经济发展、提高国际竞争力的必然选择与必然趋势。大学与高新技术产业的结合，使科研资源与生产力相结合，有效促进科研成果转化，提高企业经济效益和大学、科研机构的知名度，进而提高产学双方的竞争力。深化我国产学研合作，有利于促进科研成果产业化，为我国培养应用型、创新型人才，最终提升国家经济竞争力，推动国民经济增长。

政治经济的发展带来的体制机制变革，使国人更加关注发达国家关于产学研合作的新动态、创新机制和发展成效，以及其他先进国家产学研合作的近况。以后的研究可对这些国家的新经验、新理论、新机制进行探究与挖掘，并与我国产学研合作发展历程和特点与其他国家进行比较研究，发现二者或多者之间的差别与联系，针对这些特性提出合理性建议与对策，早日实现我国建设创新型国家的战略目标。

第 9 章

以色列产学研创新驱动的经验与启示

以色列是一个面积为 2.57 万平方公里，人口仅为 926 万的中东小国，正是迫于匮乏的资源和特殊的地缘政治，以色列依靠其创新培养体系的独特性和创新路径的差异性，迅速跻身发达国家的行列，成为全球创新驱动经济增长体的典范，享有“中东硅谷”“创业国度”“最小的超级大国”的美称。据统计，以色列经济增长率曾多年保持在 10% 以上，2020 年人均国内生产总值超过 4 亿美元。世界经济论坛《全球竞争力报告 2018》指出，以色列在所涉及的 137 个经济体中，竞争力排名由上年度 24 位上升至 16 位。近年来，以色列在军事科技、电子、通讯、计算机软件、医疗器械、生物技术、人工智能、航空等高科技领域迅速崛起，实力居世界领先水平，是名副其实的科技研发创新和出口强国。或许是由于以色列具体国情与中国相距甚远，国内学者担心单一案例研究的使用具有局限性，不能导致泛化，所以以色列为对象来研究产学研创新驱动的文章较少。尽管存在这样的局限性，但了解以色列硅谷本地化背景下的动态过程，将会为了解一个高科技强国背后的发展过程提供重要的见解。具体来说，以色列在其工业化经济增长过程中的经验，将有助于提升我国科学技术和经济追赶各阶段的实力，促进“政用产学研”联合创新，构建新时代下具有中国特色的创新驱动模式，实现我国从“中国制造”向“中国创造”的伟大跨越。

9.1　以色列产学研创新的独特优势

它山之石，可以攻玉。以色列从一个夹缝中求生存的弹丸小国，一跃成为以创新创业闻名世界的新兴发达国家，不仅得益于犹太人崇智明辨的创新思维，更在于其自主创新能力和高效的科技成果转化率。本节旨在分析以色列产学研创新发展路径的差异，发掘其创新培养体系的独特优势，为我国取其精华，去其糟粕，构建适宜中国国情的产学研创新道路奠定基础。

9.1.1 宽松的人才文化是以色列永葆创新活力的根源

以色列凭借着独特的混合文化模式，营造了适合产学研创新的文化氛围（Yeshua - Katz D 等，2020）。荷兰文化研究所所长吉尔特·霍夫斯泰德的国家文化模型分析以色列国内的文化环境指出：不同的国家、集体具有文化差异，国家文化模型把这种文化差异分为权利距离、不确定性规避、个人主义与集体主义、男性度与女性度四个维度。以色列的国家文化具有权利距离相对较低、不确定性规避指数较低和集体主义程度适中的特点。其中，权力距离指数较低的以色列鼓励下属的想法向上级流动，独立表达各自的意见，支持组织内成员跨越层级进行合作，这种扁平的管理结构有利于以色列组织内所有成员形成放松的创新思维方式。其次，不确定性避免程度较低的社会鼓励冒险，组织内成员容易接受生活中存在的不确定性以及实践中错误的出现，因此以色列人民在创意的产生和实践方面都非常活跃。此外，集体主义程度较低的群体有利于创意的萌发，个人主义程度较高的群体有利于新创意的执行，以色列高下适中的集体主义程度是创新的理想选择。总的来说，以色列通过对合作与竞争、上下级无障碍沟通、以及调动成员主动性等因素的强调，创造了宽松自由的文化环境，使新思路、新想法应运而生。

另外，以色列重视对教育的投入，培养的创新人才是推进创新的基础。根据 OECD 数据库统计，2019 年以色列国内研发总支出为 18740 万美元，占 GDP 的 5%，较上年增长 5.33%，人均国内研发总支出高达 2070 美元，超过美国、日本、法国等大国。其中企业部门执行的国内研发总支出为 88.91%，高等教育部门执行的研发总支出为 9%。另外，有数据显示，以色列国内科技人员占全体劳动力的四分之一，从事研发的全职人员占企业全体劳工的 9.1%，每万公司职员中工程师、科学家约 150 人，位居世界第 2，被联合国授予诺贝尔奖项者共 10 名。

1. 以色列是全球唯一实施资优教育的国家。以色列为科技创新培养的优秀人才，主要依托于以色列实施的优质教育战略。在教育部的指挥下，以色列的每一个孩子都公平享有参加亨里埃塔·斯佐尔德研究所（The Henrietta Szold Institute）选拔测试的机会，通过测试的中小学生可以到"资优中心"或者"未来科学家中心"进行"自足"课程的学习。这些培训中心与国家顶尖科研院所、前沿企业合作，学生可以与科学家、企业家进行深入交流。例如奥德赛项目（Odyssey Project）、阿尔法项目（Alpha Project）等科学研究类和创意计划（Idea Project）、阿斯科拉项目（Ascola Project）等人文社科类项目等（董洁等，2020）。

2. 以色列的高等教育成果享誉世界。在以色列，有权授予本科学位的大学有 58 所，以色列国内 7 所大学有 3 所进入世界 100 强，有 4 所大学的计算机互联网专业跻身世界前 30。这 7 所研究型大学是基础研究的主要力量，同时也从事相当多的应用研究。其中，魏兹曼科学院、希伯来大学入选美国《科学家》杂志评选，被评为 2011 年全球前十佳适合学术工作的场所。以色列理工学院与美国斯坦福大学和麻省理工学院齐名，堪称以色列创新的"发动机"和高科技产业的"脊梁"。以色列大力发展高等教育的目的在于培养学生创新思维，发掘创新人才。20 世纪 90 年代，以色列实行科技创新企业家计划，将培养 21 世纪科技创新人才列为国家通用战略研究计划的重点。以色列突出的教育成果离不开国家为发展高等教育提供的法律基础与物质保障，根据法律规定，高等教育的经费由专门的机构进行严格管理，国家拨付给地方政府的教育资金只能统一汇入专门账户，经费的使用受到教育部、国家审计局和司法部的共同监督（张彩云和毕诚，2013）。

3. 服兵役制度是以色列创新创业的特色。以色列的《国防法》规定，具有以色列国籍的公民，无论男女，凡年满 18 岁必须服役 3 年之后才能继续进行大学教育。在服役期间，以色列国防部通过精英筛选模式，青年士兵入伍后经过严格的体能训练和心理素质筛选，被分配到部队的各个部门锻炼。青年在部队不仅学习了各领域的专业知识，而且还练就了强大成熟的心理素质。服役结束后，一部分青年人离开部队，继续大学课程，毕业后创造更大的商业价值。另一部分掌握创新科技后投入产学研，凭借长时间在部队运营、值班、培训中建立的商业联系，创立高科技公司（Bloom 等，2019）。军队严谨的知识管理体系和犹太人善思明辨的创新思维共同为以色列培养了一批批的精英人才，形成了从社会到部队再到社会的良性循环。以色列还通过发挥国防高科技的优势，利用“以军带民”的方式促进军民协调发展，培养提升科技转化能力和改革创新能力，实现国防高科技产业和国民经济的迅速发展（胡海鹏等，2018）。

9.1.2 以原始创新为核心的自主创新能力是以色列成功的关键

以色列能够摆脱可用资源有限，人口稀少的困境，在众多国家中脱颖而出，关键在于突出的自主创新能力。与先前中国的创新途径（引进－吸收－创新－拓展）迥异不同，以色列选择了一条更为艰难的创新之路——依托原始创新为核心的自主创新的道路。据统计，以色列研发投入强度全球最高，占 GDP 的 4.25%（陈套，2019）。以色列科技对 GDP 的贡献率高达 90%，虽然专利总数靠后，但人均专利数目较多，仅次于美国，境内高科技众多，是世界上高科技密度最大的国家。以色列在国际核心期刊发表量大，截至 2019 年 5 月 15 日，以色列 2015～2019 年共发表论文 85588 篇，其中，2019 年 6473 篇，2018 年 20474 篇，2017 年 20077 篇，2016 年 19921 篇，2015 年 18643 篇。主要集中在肿瘤学、神经学、外科医学、内科、物理化学等多个研究领域（董洁等，2020）。

9.1.3 高效的资源配置机制是以色列科技创新的主要力量

以色列在研发阶段的发展相对优势在于其高技能劳动力的供应以及政府部门高额的创业资助。充足的创新人才作为产学的根本，各种形式的创业政策成为资源配置的纽带，二者共同促进产学研的高度融合，为以色列科技创新提供政策基础。

1. 富有创新精神和能力的人力资源是以色列科技发展的核心力量。以色列人力资源数量较少，但是人力资源素质在世界上处于领先地位。一方面，以色列国内的人力资本贵在劳动力素质高。有数据显示，以色列国内科技人员占全体劳动力的 1/4，从事研发的全职人员占企业全体劳工的

9.1%，每 10 万中工程师、科学家约占 135 人，位居世界第二。另一方面，以色列采取积极的人才引进政策。以色列的高技术移民政策最初是为了解决 20 世纪 90 年代大批涌入的苏联犹太科学家而建立的，在这个过程中，以色列设立了多个人才引进计划，并提供多种专项基金（艾仁贵，2017），如“夏皮拉基金”（Shapira Fund）、吉拉迪计划（Gileadi Program）、“卡米尔计划”（KAMEA Program）、以及技术孵化器计划（Technological Incubators Program）等基金项目（见表 9 - 1）。进入 21 世纪，以色列针对人才外流的现象，采取了“以色列卓越研究中心计划（The Israeli Centers for Research Excellence）”“以色列国家引才计划（Israel National Brain Gain Program）”“吉瓦希姆青年引才计划（Gvahim）”等（见表 9 - 1）。总体而言，以色列已经走出一条“技术移民 + 科技创新”的人才强国之路，为以色列产学研创新驱动源源不断地输送高科技人才。

表 9 - 1　　以色列人才引进的专项基金和海外人才回归计划

人才引进和人才回归计划	基金规定内容
夏皮拉基金	主要致力于为移民科学家提供津贴，具体操作由科学家中心进行管理。基金规定移民科学家薪水第一年由基金支付，第二年基金和雇佣单位各支付 50%。之后基金支付 30%，直至移民科学家被以色列市场完全吸收
吉拉迪计划	以色列为移民科学家提供 300 个岗位，聘期为 3 年
卡米尔计划	为同时通过“吉拉迪计划”和“卡米尔计划”考核、年龄不超过 44 岁的移民科学家提供永久津贴资助，60% 津贴由移民吸收局提供，其余由高等教育委员会和所在大学共同承担
卓越研究中心计划	该计划预计在 5 年内成立 30 个卓越研究中心，每个研究中心的启动资金为 4500 万新谢克尔，由政府部门、移民局、录用移民单位各承担三分之一
以色列国家引才计划	该计划为以色列引进海外人才提供 3.6 亿美元，用于移民回归后生活和就业支持
希姆青年引才计划	该计划主要为移民以及移民企业给予帮助。一是给海外高科技移民创造大量就业机会，二是专门为海外留学研究生提供实习机会，三是给海外移民企业以及海外移民的初创企业提供建立、发展的资金技术帮助

2. 政府政策成为以色列创新创业的强大支撑。以色列政府将创新创业看作重中之重，极力做创新驱动的推动者。一方面，以色列出台一系列相关法律，为创新创业提供法律保障。比如，1985 年以色列政府颁布实施了《产业创新促进法》，该法律把产业创新的实施、协调、组织全权授予首席科学家办公室，以法律的形式严格规定了产业创新的目标、原则、实施方案等。要求首席科学家办公室坚守“中立”的原则。针对致力于创新创业的出口导向型企业，均可享受国家提供的研发支持基金。《以色列公司法》是世界上最容易成立公司的法律，以色列政府不仅给初创公司提供资助基金，鼓励创业者一次又一次重新尝试，减少其失误的成本，还制定特殊政策，对具有高科技优势的企业提供特殊贷款和赠款，缩小投资风险。

随着高新技术产业的蓬勃发展，《专利法》《商标条令》《版权法》《专利与版权条例》等涉及知识产权和工业产权的法规相继问世，事无巨细地保障了设计者的权益。

另一方面，以色列政府制定了一系列与法律相配套的政策支持系统。首席科学家制度是以色列科技创新体系最大的亮点。在科技部、太空部、经济部、国防部、农业部等 13 个部门设置科学家办公室，各司其职，自上而下形成了科技委员会、科技与太空部、首席科学家办公室及其下属部门的管理链。在上述法律框架下，由首席科学家办公室负责牵头的一系列研发支持计划，如研发种子基金计划、磁石计划、孵化器计划、国际科技合作项目等（见表 9－2）。

表 9－2　　以色列支持创新的主要政策及内容

政策名称	作用	主要内容
研发种子基金计划	鼓励个人创建高技术企业	首席科学家办公室按照公司运行预算成本的 20%～50% 进行拨款。等到企业渡过“种子期”，能够独立平稳运行时，企业以一定比例偿还资金，受资助企业在前三年应偿还销售收入的 3%，三年后以销售收入的 3.5% 进行偿还，政府获得的收入不得超过资助本金和所获利息之和

续表

政策名称	作用	主要内容
磁石计划	研究联合体开发通用竞争前技术	可以得到多年的研究支持（3~5 年），从首席科学家办公室磁石计划部门获得研发经费的 66%，不用返还偿还金
小磁石计划	形成独立的应用型项目	企业免征特许权使用费，提供必要的设备，建立多元主体合作机制
技术孵化器	孵化中小型高科技企业	每年给予其成本的 85%，两年后公司必须养活自己，或者获得其他融资，届时需按时按量偿还政府资助本金
国际科技合作项目	学习国外高新科技	签订技术研究开发项目协定

研发支持基金计划是适用范围最广、制定最早的创新产业计划。在以色列，70% 的企业能够成功申请该计划基金，这种“隐形合同”（Maggor，2020）主要目的是帮助国内初创企业渡过“种子期”，能够独立平稳运行。磁石计划设立于 1993 年，用于支持企业和研究机构组成的研究联合体合作开发通用竞争前技术。磁石计划的目的就在于基础设施和通用技术的开发而非产品。而许多突破性技术的研发，就取决于整个行业内基础设施和通用技术的改善（彭华涛等，2017）。磁石计划的分支——小磁石计划，要求一家企业与一家研究机构合作，在两年的资助期内，二者在相同的领域内形成独立的应用型项目。国际科技合作项目主要是指以色列与多个国家签订技术研究开发项目协定，引入外国资本风险投资，共同助力以色列产业创新发展。以色列实行的以政府为主导的创新驱动模式，使得以色列大大增加了境内企业数量，增强企业高科技含量，是以色列成为创新创业超级大国的催化剂。

9.1.4 灵活的科技成果转化机制是产学研创新的重要载体

合理的成果转化机制的设计和实施起到振兴国家经济，实现福利长期增长的作用。以色列创新的突出之处不仅在于自主研发机制，更值得借鉴的应该是其实现从知识链、创新链到产业链的转化路径。以色列通过建立技术转移公司、吸收国内外风险投资，发挥产业群集效应，迅速挤进新兴发达国家的行列。

1. 技术转移公司发挥着重要作用。以色列的高等大学建立了众多的研究中心和科研所，如何完成科研成果从办公室到市场的转化，就需要产学研的良好互动，既充分发挥高等大学和科研机构的科研能力，又要利用好高科技企业的纽带作用。

以色列的7所大学中除海法大学外都有自己从事研究和开发的技术转移公司。这些公司尽管规模和专业特长不尽相同，但基本职能差不多，包括负责申请、拥有和转让大学的专利，发布专利许可使用，帮助发布商业研究的机会、寻找投资者和战略伙伴，代表研究人员就协作条件进行谈判，有时这些公司还自行或与伙伴成立创新公司。获得额收益一部分付给专利拥有人，一部分交给大学，其余的作为这些公司的专利申请、维护和日常费用。正是经过高校－企业双向合作，形成技术转移公司，将研究结果商业化，完成技术成果的转化。比如，魏兹曼科学院的技术中介公司，将学院每年获得的70余项科研成果进行产业化，实现技术转移。同时，该中介公司还为科研成果在国内外申请专利保护，寻找国内外风险投资，协作开发该校的科学发明。魏兹曼科学院中介公司还与魏兹曼工业园密切合作，完成科技成果从实验室到市场全过程的各个产业化步骤。

2. 群集效应实现以色列创新价值最大化。国家的创新能力是建立在共同创新基础设施和特定集群创新环境的综合力量之上的（Wonglimpiyarat J，2016）。经济学家熊彼特认为，企业家引领的技术创新具有很强的从众效应。企业、研究机构在地理上的接近可以支持网络内的信息传递，从而有助于推动创新过程，大学和研究机构的知识溢出可以促进企业之间的技术转移，从而创造就业和经济增长。特定集群创新环境不仅指科学家、工程师、技术人员和高技能专业人员等人力资本，还包括以色列高新技术集群成功创建的主要机制，即风险投资。如以色列特拉维夫创业资金来源中，来自风险投资的基金高达70%，已经逐渐取代政府资助基金。在所有风险投资中，外国投资机构数量占20%（微软、苹果、朗讯、英特尔、IBM、甲骨文等多家高科技跨国公司），投资金额提高至60%，已经高出国内社会投资，占据主导地位（刘恒怡等，2018）。以色列依靠着全球创新资源进行开放式创新，拓宽了市场范围和创新模式，弥补了国内资本的不足，形成了完善的风险投资产业链。事实表明，依托风险投资实现资本与技术的结合，是推动技术创新，以及创新企业迅速成长的捷径。

9.2　中以之间的产学研差异对比

9.2.1　产学研创新路径的差异

以色列主要使发展高科技产业，即研发密集型产业。通过高等教育和海外引进人才，培养具有创新能力的高精尖人才，利用政策法规和社会融资鼓励企业进行自主创新，将新知识与合适的商业策略结合起来，以获得商业上的成功。专利数据在许多创新研究中得到广泛的应用，使得科研成果在商业或者工业上转化为相应的产品价值。

我国自 20 世纪 80 年代起，就依托丰富的资源、充足的人口红利以及庞大的市场发展劳动密集型产业（Shang - Jin W 等，2017）。甚至很长一段时间提出“以市场换技术”，希望通过出让中国国内市场来换取外国先进的技术，加快追赶西方发达国家的科技发展步伐（吴阳芬和曾繁华，2019）。但是中国企业大量地采用国外成熟技术来进行生产制造和实现生产制造的升级换代，一方面没有接触到核心技术；另一方面也并没有拓展研发核心技术的本地活动（封凯栋等，2020）。所以该政策并没有提高我国的资助创新能力。直到改革开放 40 多年后的今天，我国的部分高科技技术仍然受到西方国家的掣肘，在“技工贸”还是“贸工技”的路径选择上，众多企业仍然偏重于后者，习惯于引进—吸收—创新—拓展的老路子，制约我国创新发展的源头就在此（李福和赵放，2018）。但我们应该明白，低端的劳动复制品不可能实现核心技术本土化，一味模仿只会成为制约我国经济发展的瓶颈，只有摘掉套在产业链上的“致命”绳索，我国才能在自主创新上更近一步。

9.2.2 政策工具使用的差异

借用罗斯威尔和沃尔特的政策工具分析科研成果转化政策（见图9－1），可以发现：以色列注重供给面政策和环境面政策的配合使用，我国创新政策的总体状况是环境面政策使用过溢现象突出，但两者对许多行之有效的需求面政策都采用较少。具体来说，以色列十分重视“人才培养”“资金投入”“基础设施建设”“信息支持”等供给面政策和“金融支持”“税收优惠”“法律管制”“知识产权”等环境面政策的配合使用。我国更倾向于“法规管制”“策略性措施”等环境政策的使用，供给面和需求面政策都使用较少，单一的环境政策难以直接推动产学研合作创新，导致创新动力不足。

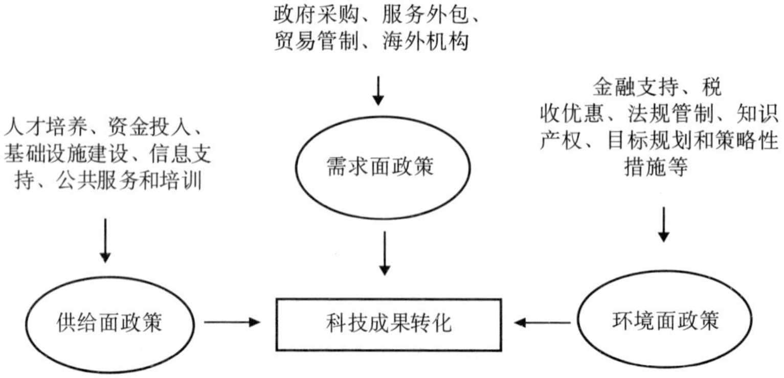

图9－1 利用政策工具分析科研成果转化

9.2.3 产学研政策法律的差异

以色列政府对科研管理的主导作用一以贯之，早在1984年就出台了《工业研发促进法》，以法律的形式规定了首席科学家办公室的领导机制和政府资助经费的返还制度，鼓励企业加大技术研发的投入力度，声明政府将分担研发项目中的潜在风险，从此揭开了以色列中小企业专注于技术创新的序幕（张倩红和刘洪洁，2017）。2010 年颁布《天使法》，旨在为初创公司提供初创基金和税收优惠，创建更多融资渠道。此外，还设立“磁石计划”“小磁石计划”等政策鼓励开发通用竞争前技术，促进应用型项目的形成。1991 年的“技术孵化器计划”为初创企业提供政策、资金、税收优惠等方面的支持。以色列随着社会经济形式的变化，适当调整产学研政策法规，形成了从体制建立、制度引导、资金拨付到成果转移的商业化链条，建立了充分体现国家意志与政府导向的综合性法规，以及政府高度参与科研管理的理念。

我国产学研合作政策文件数量充足，政策制定主体丰富，但都散见与其他法规中，未形成独立完整的综合性法律，难以集聚政策合力（黄明东等，2017）。尽管产学研合作在我国得到充分重视，但相关立法环节比较滞后，部分政策仅限于“政产学研用”链条的某个主体或某个环节的权利与义务的规定，缺少对所有主体行为的综合规范。各级政党机关出于对各自利益和权利的维护，部分政策文件的落实存在偏差，导致各自为政，政策效力低，浪费大量的政策资源。另外，各地方政府产学研合作参与度存在偏差，中部、东部地区产学研合作较活跃，在政策规范和法律建设方面成绩突出，西部出台政策较少，组织开展的活动也不多。

9.2.4　科研资金来源的差异

以色列的科创成果得益于多元的资金支持系统。在 19 世纪中后期经济转型时期，由于缺乏完善的风险投资支持，科技发展缓慢。以色列政府意识到仅依靠首席科学家办公室的拨款以及成立联合基金会无法解决初创公司的资金问题，开始致力于风险投资体系的建立。其中，Yozma 项目大获成功，该项目基于 1 亿美元政府初始资本立项，给予外部投资者一个购买政府手中 Yozma 投资份额的 5 年期权，政府承担风险，但不分享投资收益。自从 Yozma 集团成立以来，其资产管理规模已超过 2.2 亿美元，对大约 50 家公司完成直接投资，并帮助众多公司在世界主要交易所上市，为以色列成为世界创新中心奠定了坚实基础（宗喆，2020）。目前，风险资本已经成为以色列高潜力初创公司的主要融资来源，这些初创公司将有风险的新想法和技术商业化（Lerner 和 Nanda，2020）。除了风投机制外，以色列各界还以色列各界从小微贷款、国家担保等多方面为科创企业营造良好创业氛围。

我国科研基金主要来自于政府科技经费和事业单位委托经费，而企业投资、社会捐赠、社会融资等市场化融资的比重远远低于以色列。我国政府科研经费优惠门槛较高，审批烦琐，受惠对象主要较小的企业和部分民营企业优惠力度小，所以科技创新动力不足。

9.2.5 企业在产学研中地位的差异

以色列建立了"以政府为主导，企业为主体，市场需求为支撑，国际联盟为跳板"的科技创新体系。其中，企业作为连接知识链和商业链的纽带，在产学研创新中发挥了重要作用。由于高校科研的封闭性，对市场需求把握缺乏灵敏性，这就需要企业对科学研究的方向和形势严格把关，所以以色列建立了众多大学科技园和科技中介公司，通过市场竞争机制拉动，促使学校和企业的双向合作，形成最优化的资源配置。而且以色列政策优惠主要聚焦中小企业和初创企业，借助"孵化器"的催化作用，迅速成为以色列经济发展的中流砥柱。

而我国企业创新主体的地位没有真正确立。到目前为止，对企业主体地位的焦点主要集中在企业创新研发的资金投入上，企业并没有全程参与从技术的研发到成果的转化，所以企业对产学研的动力自然不足。与以色列扶植初创企业，集中力量鼓励中小企业创新发展趋向不同（权衡等，2010），我国的产学研强调的企业主体主要是国内龙头企业和行业中的大企业，对小企业和部分私营企业的关注不足。

9.2.6 成果转换的差异

以色列政府通过建立众多的技术转移公司和大学科技园来提高科研成

果的转换效率。技术转移是连接学术和商业的“中转站”，技术转移公司的职责主要是完成创新技术推广、信息发布、人员培训、技术咨询等公益性活动，专利代理与技术成果转让等有偿服务。例如，1959 年，魏兹曼科学院成立了耶达技术转移公司，也是世界上具有里程碑意义的第一家技术转移公司。在科技成果转化过程中，耶达公司成为魏兹曼科学院基础技术和商业化的中间桥梁。

我国的科技成果转化率在 10% 左右波动，远落后于发达国家 40% 的转化率，即其中的少部分专利成果能够真正实现产业化，多数的科技成果被束之高阁。原因之一是在中国现阶段，中国科学院仍然处于以知识创造为主的位置，在促进经济发展方面的主动性和有效性还不强。原因之二在于我国目前还缺乏促进科研院所技术转移体系建设的制度条件和政策保障。在各类与科技相关的法律中，都没有明确规定院所和高校有进行技术转移和成果转化的使命，在考核院所绩效的指标中也少有此类指标，导致院所高校将其看作一项商业的活动。企业在成果转化中需要很多的资金和承担很大的风险，缺乏激励政策使得很多企业不愿投资到科技成果转化中，制约技术转移发展。企业与院所之间存在很高的体制壁垒，使科技人员无法在事业单位与企业单位之间实现流动，导致许多的成果转化活动都以一所两制的形式出现，制约了企业的发展。

9.3　以色列创新经验对我国产学研创新驱动的政策启示

9.3.1　完善产学研合作创新的相关政策法律

以色列构建了一套以政府、大学、企业等主体要素为核心架构的产学研合作创新制度体系，创新主体发挥各自的职能外，又与其他两个主体相互扶持，螺旋式上升发展。我国应该借鉴以色列创新制度体系的建设为我国科技创新提供政策保障。

首先，把产学研合作创新提升为国策。从产学研合作创新制度设计角度来看，我国虽然建立了一系列合作创新的制度和法规，但是这些文本仍然局限于某些主体，缺乏对“产学研合作”的整体考虑。我国的产学研创新始终未上升到国家战略层面，显然不符合新时代产学研创新的时代要求。所以，我国应该把产学研合作创新提升至国家战略性、全局性政策层面，从国家战略决策的高度考虑创新体系的建立。

其次，我国应该借鉴以色列《工业促进法》《天使法》等法律建设，出台《产学研合作创新促进法》。重视政府的引导和推动功能，政府不再是“掌舵者”，而是转变为“服务者”，不再只是提供直接经费支持，更是在政策与法律法规方面，对科技成果转化的过程进行宏观调控和法律保障（王凡，2021）。一方面要提高对产学研协作重要性的认识，强调产学研合作在经济建设、科技创新、技术进步及提高综合国力方面的重要作用，激发产学研合作创新的热情。另一方面要更准确的规定各创新主体的责任和义务，对研究发展机构、批准和上诉、经费权益和管理、产业研发的国际合作等事项进行明确规定，避免政策与法律法规的冲突。

最后，借鉴以色列首席科学家办公室制度，建立国家产学研创新委员会，统筹推进产学研合作创新。中国全球科技创新竞争力的提升，要得益于以政府、企业、高校为主体创新圈的运行模式，以此促进科学技术创新和成果转化落地。从国家层面上看，产学研合作创新需要多部门共同努力，这就需要建立创新协调机构——国家产学研创新委员会。由国家产学研创新委员会牵头科技部、财政部、教育部、国资委等部门，按照相关配套政策要求，统一管理，责任明了，分工明确，构建以企业为主体、市场为导向、产学研相结合的技术创新体系，共同开创产学研联合创新工作的新局面。

9.3.2 实施开放的人才政策

培养积极创新的文化教育背景，归根究底就落到如何培养创新人才的问题上，人才是科技创新的核心要素，创造具有高素质的人力资本是建立创新型国家的关键一步。以色列之所以被称为“创新的国度”，与其开放式教育背景密不可分。以色列通过高等教育培养创新人才，实施海外移民和人才回归战略，完成了国内高端人力资源的储备。我国的大都市应该借鉴以色列的人才战略，制定更为开放的人才引进、评价和选拔机制，依靠多元化的就业机会和广阔的发展空间，吸引海外高科技人才落户，召唤海外人才回归，开展国际人才交流与合作项目等。

9.3.3 创建多元的创新基金支持系统

以色列多元的基金支持系统是其产学研创新的物质基础，值得我国借鉴：政府财政拨款和税收优惠制度；以政府为主导，完全市场化运营的金融模式以及社会各界融资支持。

1. 完善财政拨款和税收优惠制度。以色列政府出台的《工业促进法》和《天使法》以法律的形式规定了创新项目财政拨款和税收优惠的程度和力度，其受惠的群体以中小企业和初创企业为主，旨在鼓励企业进行自主创新，帮助企业度过创业“死亡谷”。而我国产学研创新基金存在门槛高、审批认定程序烦琐、优惠辐射范围小的问题，所以我国应该借鉴以色列创建“种子基金”，放宽基金优惠门槛，优惠政策向中小企业和初创企业倾斜，增强中小企业参与产学研合作的广度和深度（熊鸿儒，2021）；简化项目审批认定程序，减少重复的信息填报和材料报送；鼓励社会各界对科创体系给予金融相关辅助支持，重点扶持小微企业，对欠发达地区小企业提供小企业资金；延长中小企业税收征缴期，实行分期缴纳个人所得税；给予高精尖技术企业特殊赠款与贷款。

2. 建立政府引导市场化主导的风险投资模式。从以色列产学研创新经验可以得出，企业在追求、采用或收购创新方面面临融资限制，在信息不对称的情况下，向创新者提供激励并不一定会导致更多的创新活动；政府还必须考虑金融市场的反应，防止逆向选择问题对创新者的约束（Campodonico 等，2016）。所以我国应该建立以政府为主导，完全市场化运营的风险投资模式。政府应该创建宽松的市场投资环境，提供投资的信息交流平台，通过提高产学研双方参与协同创新的超额收益、增加放弃协同创新的赔偿金额以及降低参与协同创新的成本等方式（薛莉和陈钢，2021），吸引投资向高新技术领域聚集。由于资本的逐利性，大多风险投资机构都愿意投资于风险较小的企业，对风险大的初创企业投资较少，所以我国政府应该引导风险投资向种子期和初创的小公司倾斜，当风险投资种子期或者初创期企业失败时政府在一定范围内给予补助，引导风险投资在种子期、初创期、成长期每个阶段都有合理的投资比例。

9.3.4 建立技术孵化器和技术转移公司

孵化器降低了经营初期风险，并使缺乏经验的企业家能更顺利地将抽象创新想法转化成适合市场的产品。以色列孵化机制的建立，大大增强了初创科技公司获得融资和战略合作伙伴的可能性，使更多企业可以存活并脱颖而出。我国应该加大对技术孵化公司的支持力度，增加孵化公司的数量；政府定期为技术孵化公司提供信息支持、公共服务和培训；对参与创新创业孵化公司给予资金支持和政策优惠。

科技转移公司发挥其信息沟通与桥梁作用，通过提高科技中介作用于主体知识转移影响因素和主体投资影响因素，都可以增加“政产学研”体系中企业知识存量，促进科技成果的转化（郭正权等，2021）。中国高校的科研转化机制与以色列相比处于劣势，中国知名院校对推动科研成果的转化并未形成明显的推动作用。目前，相关部门已经意识到这个问题，我国教育部于2017年发布了《教育部办公厅关于进一步推动高校落实科技成果转化政策相关事项的通知》，鼓励及规范高校科研成果转化。但建立高校技术转移和商业化体系是一个长期而艰巨的任务，不仅需要政府政策的指引，还需要高校与企业的磨合。因此，各地政府应该鼓励主持技术转移公司的建立，遵循市场的需求规律，加强高校与企业信息交流互动，建立高质量、深层次的产学研合作关系，形成收益共享、风险共担、共同发展的利益共同体（张羽飞等，2021），尽量避免行政干预或盲目匹配，使之成为学术界、企业界和投资界之间的一座桥梁，以促进学术界与实体经济以及金融界的沟通。

9.3.5 加强中以合作创新模式的建设

中国在学习借鉴以色列创新创业成功经验的同时，也应该加强与以色列的合作创新，建设中以合作网络模式。第一，加强与以色列的联系，并不意味着照搬以色列创新模式，而是要在尊重国内市场的基础上发展我国科创事业。第二，加强中以文化交流，共同培养创新人才。两国通过文化交流、项目合作等机会，派遣留学生、科技人员、访问学者前往以色列学习其创新政策、高新技术、企业运营模式、科技成果转化机制等。第三，建立中以科技园。目前，以色列已经在我国多个城市建立中以科技园，以“一对一”或者“一对多”的开放式创新模式（马茹等，2019），吸引更多高校、企业、国家入驻科技园，共同培育以高新产业为核心、优秀企业为龙头、尖端人才为支撑、多元金融系统为保障的全球创新创业集群。

9.4 小结

本文通过探讨以色列产学研创新取得成功的独特优势，与中国产学研现状进行对比分析，发掘我国产学研创新发展的差距，在此基础上提出我国应该借鉴以色列的成功经验，改进我国的产学研创新驱动战略。当今世界范围内的竞争、综合国力的竞争，关键是科学技术的竞争，人才培养的竞争，科技进步和创新是提升综合国力的决定性因素，对经济发展具有全局性和先导性作用，所以着力推进产学研改革创新是我国科技进步、经济发展的必然要求。

由于我国科技创新起步晚、起点低，与发达国家相比存在一定的差距，关键核心技术受制于人。针对这些问题，要实现科技创新发展，我国既要借鉴世界科技强国的基本经验，又要根据内外部条件和形式的变化，选择最有利、最可能的发展路径。实现从“外源创新”到“内生创新”的转变，从过去依赖“技术引进—消化吸收—再创新”的模式转变为“体系—能力”建设为中心，把提升原始创新能力摆在更突出的位置，牢牢把握创新和发展的自主权，走中国特色的自主创新道路，实现产学研创新的跨越式发展。

第 10 章

政府支出对产学研的创新驱动效应

新时代创新型国家建设过程中，“政产学研”机制广为推崇，强调政府和高校在创新系统中的聚合关系。2018 年中国高校科研人员发表（包括独作与合作）SCI 论文超过 39 万篇，位居世界第 2（数据来源：《2018 年中国高校发表 SCI 论文数量排名》统计报告），国内大专院校获得的授权发明专利的数量为 79961 件，约占总量 18%，仅次于企业［信息来源：2018 年中国授权发明专利分析（澎湃新闻）］。为了推动高校科研水平提升，加快创新驱动，政府给予大量的研发资助和项目经费，政府研发支出规模从 2000 年的 275.6 亿元到 2018 年超过 4000 亿元，已超过整体研发投入两成。这衍生出两个层面的问题：一是高校创新活动能否撬动溢出红利；二是政府研发资助是否有效？

关于“产学研”中高校创新贡献的认识较为统一，欧美等发达国家高校科研水平卓越，成为政府和企业之间的创新桥梁（Gustafsson 和 Jarvenpaa，2018）。Maribel 等（2019）认为墨西哥等拉美发展中国家的高校研发对经济发展同样具有积极驱动效应。Mcgregor 等（2014）的研究发现，大学研发对医药行业创新发展影响显著，并且高投入产生了高回报。薛澜等（2019）认为，中国的“产学研”机制促进了新兴学科发展，这在人工智能领域尤为突出。王丽平和栾慧明（2019）通过研究民营企业与“产学研”的互动关系提出，单元距离对“产学研”的绩效具有显著影响，因此要重视高校和企业之间的结合紧密度。但一些研究也提出质疑，认为高校研发活动更多集中在基础研究领域，市场化导向不强，缺乏有机融合，造成创新资源浪费（贺一堂和谢富纪，2019）。史建锋（2017）等的研究提出，解决“产学研”失衡必须从宏观、中观、微观三个层面构建系统运行机制。贺一堂和谢富纪从博弈角度分析“政产学研”中的逻辑关系，认为政府、高校和企业之间的三方博弈结果是非量子策略，必须形成一致利益需求。杨文娟和袁鹤馨（2020）的研究认为，高校在“产学研”系统中承担的是基础研究，要注重与应用研究的有效融合。上述研究普遍认为“产学研”结合是重要的创新机制，但对如何释放高校创新活动的溢出效应认识不一。

政府研发资助作为调节“产学研”的“官方”介质广为重视，扩展形成了“政产学研”机制。Almus 和 Czarnitzki（2003）从外生视角提出，政府研发资助有利于弥补企业研发投入不足，稀释创新风险。Feldman 和 Kelley（2006）认为，政府研发资助改变了创新产出模型，在一定程度上提高了创新绩效。Lichtenberg（2001）认为，政府研发资助的另一个重要作用在于，有效激励了创新主体的研发积极性。崔百胜和朱麟（2019）对中国的研究发现，政府研发资助的确有助于释放创新溢出，但这种溢出效应存在一定的滞后期，可能 2～3 年甚至更长。张杰等（2015）认为，政府研发资助的激励效应在不同的研发主体呈现出差异性特征，对创新初期企业更为有效。反向观点提出，政府研发资助破坏了研发投入的自主性，并不利于市场竞争（Annamária，2004）。李政和杨思莹认为财政分权会导致政府研发资助的区域失衡，扩大东西部地区创新发展差距。David（2000）等将政府研发资助的这种抑制性影响称之为“挤出效应”，这也是美国等西方等个别国家诟病中国政府干预破坏了市场公平的重要原因（杜龙政和林润辉，2018），但事实上，美国联邦政府仍在不断提高对科技创新的补贴力度（白俊红和卞元超，2015）。中国研发资助显然更需要的是“挤入效应”，而非“挤出效应”。

研究梳理发现，已有文献并未解答“官方”干预是否有效促进了“产学研”的创新驱动，对政府研发资助的讨论依然存在“挤入效应”和“挤出效应”两种悖论，较为合理的解释可能是，政府研发资助的影响较为复杂，难以单向评价。由此来看，如何通过研发资助激励高校创新，释放积极的溢出效应，尚未获解。为了破解这一难题，本文的创新贡献在于，一是通过关联模型阐释高校创新与区域创新发展之间的逻辑关系，实证检验高效创新能力对区域创新发展的动态影响，得以寻求高校创新溢出的最佳空间；二是通过设计政府研发资助的外生嵌入模型，探讨政府研发资助如何影响高校创新溢出，识别这种从外生到内生的迭代驱动机制；三是设计介质门槛模型，通过实证研究刻画政府研发资助对高校创新溢出的调节规律，从而揭示政府研发资助的强度效应和空间效应，找出“挤入效应”的约束条件，为撬动并放大高校创新溢出提供新的经验启示。

10.1　理论机制与研究假设

“产学研”理论认为（Szczygielski 等，2017），高校研发活动以学为本，注重理论转化，而区域创新发展注重技术产业化应用，通过经济活动反映创新价值（Pedroni，1999）。高效创新是区域创新发展的重要基础，基于这一逻辑，我们构建一个区域创新产出的复合函数：

$$tec = f_{reg}[f_{uni}(cap)] \tag{1}$$

式（1）中，函数 $f_{uni}(\cdot)$ 表示高校的创新产出函数，$f_{reg}[\cdot]$ 表示区域创新产出函数，tec 表示整个社会的创新产出水平，cap 表示创新资本投入。

假设研发活动的投入要素为资本和人力，将高校创新产出函数 $f_{uni}(\cdot)$ 分解为：

$$inn_{uni} = \alpha_{uni}cap_{uni} + \beta_{uni}hum_{uni} + \varepsilon \tag{2}$$

式（2）中，inn_{uni} 表示高校创新能力，cap_{uni} 为高校研发资本投入，α 为高校研发投入创新产出的弹性系数，hum_{uni} 为高校研发过程中的智力投入，主要是研发人员的劳动贡献，β 为智力投入创新产出的弹性系数，ε 为误差项。

由此得到本文的逻辑假设 H1：高校的创新活动会嵌入区域创新发展价值链，形成“产学研”的溢出效应，两者之间可能存在共振影响。

考虑到政府研发资助会增加高校研发投入，则高校创新产出函数为：

$$inn_{uni} = \alpha_{uni}(cap_{uni} + gov) + \beta_{uni}hum_{uni} + \varepsilon \tag{3}$$

从式（2）到式（3）为静态假设，如果考虑到政府研发资助不仅改变了研发投入规模，还会激励高校创新投入积极性，从而改变创新产出弹性系数，即 $\alpha \xrightarrow{gov} \alpha'$，则有：

$$inn'_{uni} = \alpha'_{uni}(cap_{uni} + gov) + \beta_{uni}hum_{uni} + \varepsilon \tag{4}$$

提出逻辑假设 H2：政府研发资助不仅改变了高校创新投入规模，还会改变高校研发投入的创新产出系数，从而形成从外生到内生的驱动效应。

政府研发资助的影响存在“挤入效应”和“挤出效应”两种情况

（Greiner 和 Kauermann，2008）。如果政府研发资助规模有限，不足以撬动高校的研发积极性，则难以改变创新产出系数；只有一定规模的研发资助能够有效激励高校研发创新积极性，稀释研发投入风险，提高创新产出系数，即 $\alpha'_{uni}/\alpha_{uni}>1$，形成了研发资助的“挤入效应”。另外一种可能是，政府研发资助被当作“免费午餐”，不仅未能提升创新产出系数，反而降低了高校研发创新的自主积极性，即 $\alpha'_{uni}/\alpha_{uni}<1$，所谓“挤出效应”。

则有逻辑假设 H3：政府研发资助影响存在动态强度差异，从而形成了“挤入效应”和“挤出效应”的演化关系。

“产学研”系统中，高校创新活动的重要价值在于为区域创新发展提供了必要的研发基础，我们在区域创新投入产出函数中，将高校的创新贡献作为解释因子，则有：

$$tec_{reg}=\lambda inn_{uni}+\alpha_{reg}cap_{reg}+\beta_{reg}hum_{reg}+\varepsilon \tag{5}$$

式（5）中，tec_{reg} 代表区域创新产出水平，而 λ 表示高校创新 inn_{uni} 对区域创新发展的贡献系数。进一步引入政府研发资助（4），则有：

$$tec_{reg}=\lambda[\alpha'_{uni}(cap_{uni}+gov)+\beta_{uni}hum_{uni}]+\alpha_{reg}cap_{reg}+\beta_{reg}hum_{reg}+\varepsilon \tag{6}$$

将政府研发资助外生化处理，用分段函数表示其对高校创新溢出的调节影响：

$$\begin{cases}tec_{reg}=\lambda_1\cdot inn_{uni}+\alpha_{reg}cap_{reg}+\beta_{reg}hum_{reg}+\varepsilon \quad if(gov\leqslant\tau)\\ tec_{reg}=\lambda_2\cdot inn_{uni}+\alpha_{reg}cap_{reg}+\beta_{reg}hum_{reg}+\varepsilon \quad if(gov>\tau)\end{cases} \tag{7}$$

上式中，τ 表示政府研发资助的临界分水岭，反映研发资助在不同强度区间，高校创新活动对区域创新发展的溢出效应有所变化，即创新产出弹性系数 λ 不同（λ_1 和 λ_2）。误差项 $\varepsilon\sim iid(0,\sigma^2)$。

定义哑变量 $d_{it}(\tau)=I\{gov\cdot\tau\}$，其中 $I\{\cdot\}$ 是政府研发资助强度变化的假设函数。当 $gov\leqslant\tau$ 时，满足假设条件取值 $I=1$，如果 $gov>\tau$ 时，则不满足假设取值 $I=0$。设定集合 $gov(\gamma)=gov\cdot d(\gamma)$，将分段函数（7）整理得到：

$$tec_{reg}=\lambda_1 inn_{uni}\cdot I(gov\leqslant\tau)+\lambda_2 inn_{uni}\cdot I(gov>\tau)+\alpha_{reg}cap_{reg}+\beta_{reg}hum_{reg}+\varepsilon_{it} \tag{8}$$

上述推演得到逻辑假设 H4：政府研发资助强度变化，会衍生从外生到内生的动态影响，从而改变高校创新溢出轨迹，形成较为复杂的非线性调节效应。下文将通过实证研究检验这一假设。

10.2　研究设计与变量数据

10.2.1　计量模型

首先，为了判断高校创新和政府研发资助对区域创新发展的影响是否显著，设计线性计量模型（9）：

$$tec^{it} = \alpha inn_{uni}^{it} + \beta gov^{it} + \theta_n C_{it} + \mu_i + \varepsilon_{it} \tag{9}$$

上式中，tec 表示区域创新产出水平；i 表示省际样本；t 表示时间截距，以年为单位；为了降低模型输出的内生性干扰，取 C 为相关控制变量，θ 为控制变量影响弹性系数。

其次，设计高校创新能力对区域创新发展的动态溢出估计模型（10）：

$$tec^{it} = \alpha_1 inn_{uni}^{it} \cdot I(inn^{it} \leqslant \tau_1) + \alpha_2 inn_{uni}^{it} \cdot I(inn^{it} > \tau_1) + \cdots + \alpha_{2n-1} inn_{uni}^{it} \cdot I(inn^{it} \leqslant \tau_n) + \alpha_{2n} inn_{uni}^{it} \cdot I(inn^{it} > \tau_n) + \theta_n C_{it} + \mu_i + \varepsilon_{it} \tag{10}$$

最后，基于政府研发资助、高校创新活动和区域创新发展之间的迭代关系，为检验政府研发资助对高校创新溢出的非线性调节影响，构建计量模型（11）：

$$tec^{it} = \alpha_1 inn_{uni}^{it} \cdot I(gov^{it} \leqslant \tau_1) + \alpha_2 inn_{uni}^{it} \cdot I(gov^{it} > \tau_1) + \cdots + \alpha_{2n-1} inn_{uni}^{it} \cdot I(gov^{it} \leqslant \tau_n) + \alpha_{2n} inn_{uni}^{it} \cdot I(gov^{it} > \tau_n) + \theta_n C_{it} + \mu_i + \varepsilon_{it}$$

10.2.2　变量设定

计量模型中相关变量测定方法与数据选取说明，如表 10 - 1 所示。

表 10-1　　变量测定方法与数据选取说明

变量类型	变量名称	测算方法	数据来源
被解释变量	区域创新产出水平（*tec*）	区域创新产出评价方法较多，本文借鉴杜龙政和林润辉的研究经验，采用各地区专利授权数量表征企业创新产出水平，这一指标统计口径标准一致，受法律保护，符合创新评价共识。回归中，为了降低方差影响，对区域专利授权量取对数处理	《中国科技统计年鉴》
解释变量	高校创新能力（*inn*）	考虑到高校研发投入与创新产出关系，我们以高校创新效率作为评价创新水平的依据，具体测算方法是：将高校专利授权数量作为创新产出指标，以研发资本和研发人员全时当量作为投入指标，以广义似然率统计量方法（SFA），设计超越对数生产函数模型①，测定区域高校创新效率	《中国科技统计年鉴》
介质调节变量	政府研发资助强度（*gov*）	为了尽可能降低区域间的经济差异影响，借鉴 Szczygielski 等的研究方法，以政府研发支出占区域整体研发支出的比重衡量研发资助强度，这一指标能够合理反映区域创新投入的结构性差异	《中国科技统计年鉴》

① 测算高校创新效率前，需要考虑柯布－道格拉斯生产函数（Cobb－Douglas Production Function）模型和超越对数生产函数模型（Trans－Log Production Function）选择哪一个更适合，以广义似然率统计量方法进一步检验测试发现，超越对数生产函数模型的拟合结果更优。测算模型如下：$\ln Y_{it}=\beta_0+\beta_1\ln K_{it}+\beta_2\ln L_{it}+\frac{1}{2}\beta_3(\ln K_{it})^2+\frac{1}{2}\beta_4(\ln L_{it})^2+\beta_5\ln K_{it}\ln L_{it}+v_{it}-u_{it}$。

续表

变量类型	变量名称	测算方法	数据来源
控制变量	企业研发投入强度（*cap*）	企业研发资本投入是区域创新的重要影响因素，为了降低模型的内生性影响，我们将企业研发投入纳入控制变量考察范畴，测算时以该区域企业研发投入的资本量为依据，回归中取对数处理	《中国科技统计年鉴》
	经济发展水平（*gdp*）	经济发展是技术创新基础，以该地区人均 GDP 反映经济发展水平。测算时取对数处理	《中国统计年鉴》
	城市化水平（*urb*）	城镇化是科技创新的环境条件，以各地区城镇人口占比测度城市化水平，由此检验城市化对创新发展的影响	《中国统计年鉴》
	技术引进水平（*tei*）	技术引进是区域创新学习的重要来源渠道，选取国外技术引进合同额与区域同期 GDP 比值测算，反映单位 GDP 中外部技术引进的价值含量	《中国科技统计年鉴》《中国统计年鉴》
	市场化经济程度（*mar*）	按照戴一鑫等的研究经验，市场化经济程度会影响区域创新发展，选取非国有经济固定资产投资占比表征该地区的市场化经济水平	《中国统计年鉴》

为保持相关数据统计口径一致，本研究选择的省际面板数据剔除了西藏、港、澳、台等省区，最终数据来源于 30 个省区 2006 ~ 2017 年的数据。各变量的描述性统计见表 10 - 2。

表 10 - 2　　变量描述性统计

变量	个数	极小值	极大值	均值	标准差
tec	360	4.5747	12.7149	9.3013	1.5753
inn	360	0.0522	0.8950	0.3106	0.1646
gov	360	0.0687	0.6081	0.2398	0.1304
cap	360	8.2998	16.7414	13.6807	1.4922

续表

变量	个数	极小值	极大值	均值	标准差
gdp	360	8. 6585	11. 7680	10. 4417	0. 5942
urb	360	0. 2746	0. 8960	0. 5354	0. 1370
tei	360	0. 0000	0. 0519	0. 0032	0. 0065
mar	360	0. 4401	0. 8990	0. 7077	0. 1057

10. 2. 3 数据检验

多重共线性检验。计量模型中，控制变量引入可能衍生多重共线性影响，采用方差膨胀系数来检验研究设计是否合理。结果显示，控制变量引入的方差膨胀系数（VIF）为 3. 31，说明多重共线性影响可控。

单位根检验。为了判断计量模型中宏观面板数据可能存在的时间演化干扰，对各变量做单位根检验，结果显示，研究所选面板数据一阶平稳（见表 10 – 3），但面板回归仍需进一步考察核心变量之间的均衡关系。

表 10 – 3　　　　面板数据单位根检验结果

变量名称	LLC	Breitung t – stat	IPS	ADF – Fisher	PP – Fisher
Δtec	– 13. 862 *** (0. 000)	– 5. 168 *** (0. 000)	– 5. 110 *** (0. 000)	151. 268 *** (0. 000)	258. 432 *** (0. 000)
Δinn	– 114. 961 *** (0. 000)	8. 118 (1. 000)	– 443. 804 *** (0. 000)	552. 620 *** (0. 000)	155. 615 *** (0. 000)
Δgov	– 21. 175 *** (0. 000)	– 5. 161 *** (0. 000)	– 7. 639 *** (0. 000)	192. 334 *** (0. 000)	307. 915 *** (0. 000)
Δcap	– 13. 863 *** (0. 000)	– 3. 144 *** (0. 001)	– 4. 161 *** (0. 000)	115. 606 *** (0. 000)	143. 942 *** (0. 000)
Δgdp	– 16. 342 *** (0. 000)	– 6. 874 *** (0. 000)	– 4. 982 *** (0. 000)	144. 705 *** (0. 000)	269. 487 *** (0. 000)
Δurb	– 13. 340 *** (0. 000)	– 7. 328 *** (0. 000)	– 4. 042 *** (0. 000)	122. 336 *** (0. 000)	212. 305 *** (0. 000)

续表

变量名称	LLC	Breitung t – stat	IPS	ADF – Fisher	PP – Fisher
Δtei	–28.184*** (0.000)	–4.372*** (0.000)	–10.568*** (0.000)	236.046*** (0.000)	382.876*** (0.000)
Δmar	–15.628*** (0.000)	–5.704*** (0.000)	–5.367*** (0.000)	155.010*** (0.000)	295.982*** (0.000)

注：*、**、*** 分别表示在 10%、5%、1% 的显著水平拒绝原假设。

协整检验。面板数据回归前，我们选择 Pedroni 的残差协整检验，判断被解释变量与解释变量之间的均衡稳定关系。结果显示，Panel PP – stat、Panel ADF – stat 、Group PP – stat 和 Group ADF – stat 四个统计量均通过了显著性水平检验①，满足面板回归条件。

表 10 – 4　　核心变量协整检验结果

检验假设		检验结果	
组内统计量	$H_0: \rho = 1$ $H_1: (\rho_i = \rho) < 1$	Panelv – stat	–0.694 (0.756)
		Panelρ – stat	0.385 (0.650)
		PanelPP – stat	–4.973*** (0.000)
		PanelADF – stat	–4.059*** (0.000)
组间统计量	$H_0: \rho = 1$ $H_1: (\rho_i = \rho) < 1$	Groupρ – stat	2.806 (0.997)
		GroupPP – stat	–6.089*** (0.000)
		GroupADF stat	–1.777** (0.038)

注：( ) 中检验结果表示该统计量的伴随概率值。

① 根据 Pedroni 的研究经验，在面板时间跨度较短的情形下，以 Panel ADF – stat 与 Group ADF – stat 两种统计量的检验判断为有效。

10.3 实证结果与分析

10.3.1 政府研发资助、高校创新活动与区域创新水平相关性分析

通过高校创新活动与区域创新产出的散点关系来看（见图10-1），高校创新活动对区域创新发展具有较为明显的正向影响，说明“产学研”是区域创新体系的有机构成，同时，高校创新也是社会创新发展的根基，为技术创新和产业升级提供了必要的知识储备和科研基础，这一结论与经验性判断基本一致。而政府研发资助与高校创新活动的散点分布趋势并不明显（见图10-2），难以定论政府研发资助是否有利于驱动高校创新提升。从三者的迭代关系推导发现，高校创新有利于驱动创新发展，但政府研发资助对高校创新的激励可能并不显著，那么也就难以解释政府研发资助是否撬动了高校创新的溢出效应。

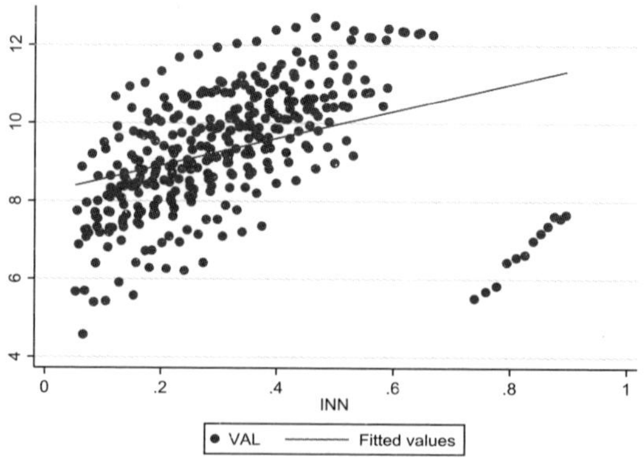

图10-1 高校创新活动与区域创新产出的散点关系图

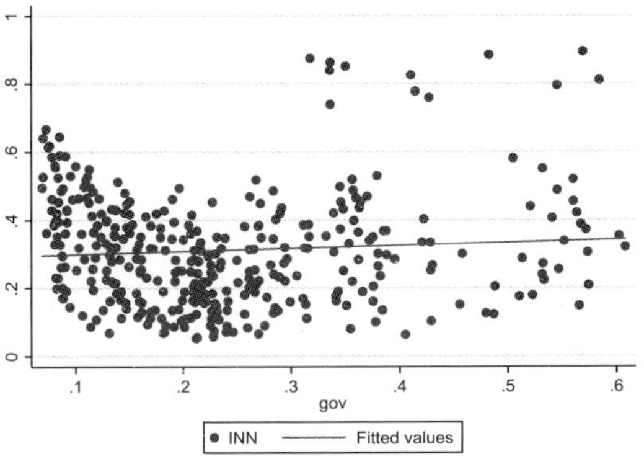

图 10－2　政府研发资助与高校创新活动的散点关系

10.3.2　高校创新活动与政府研发资助对区域创新发展的线性影响

首先考察解释变量与各控制变量对区域创新发展的线性影响，经 Hausman 检验，采用线性面板固定效应的估计结果见表 10－5 中模型 L1。高校创新活动对区域创新发展的影响系数为 1.517，且通过了 1% 显著性水平检验，说明高校创新对区域创新发展具有积极的溢出影响。政府研发资助同样显著提高了区域创新发展水平，形成了创新驱动的“挤入效应”。一些西方学者诟病中国政府研发资助破坏了市场竞争机制，可能形成“挤出效应”，但中国的实际情况显然不同于西方发达国家，在转型发展期，政府研发资助有利于降低企业创新投入风险，鼓励引导核心技术研发，加速创新迭代。

表 10－5　高校创新溢出效应及政府研发资助调节影响的估计结果

变量	模型 L1	模型 D1－1	模型 D1－2	模型 D1－3	模型 D2－1	模型 D2－2	模型 D2－3
inn－1	1.517*** (8.596)	1.897*** (4.469)	1.781*** (3.537)	1.633*** (3.867)	1.950 (1.013)	2.137 (1.221)	2.157 (1.096)
inn－2	—	2.181*** (6.083)	2.504*** (6.919)	1.924*** (5.432)	2.360*** (6.330)	2.721*** (6.488)	2.612*** (7.411)

续表

变量	模型 L1	模型 D1－1	模型 D1－2	模型 D1－3	模型 D2－1	模型 D2－2	模型 D2－3
inn－3	—	1.757*** (4.761)	1.950*** (5.256)	1.507*** (4.135)	2.668*** (7.812)	3.202*** (7.385)	3.267*** (9.172)
inn－4	—	—	—	—	3.056*** (8.488)	2.658*** (6.521)	2.595*** (8.135)
gov	1.437*** (7.043)	—	—	—	—	—	—
cap	1.061*** (42.902)	0.200*** (3.621)	0.200*** (3.750)	0.184*** (3.782)	0.246*** (5.094)	0.195*** (3.154)	0.210*** (4.302)
gdp	0.443*** (4.336)	0.631*** (4.891)	0.570*** (3.812)	0.632*** (5.021)	0.463*** (3.774)	0.614*** (4.073)	0.478*** (3.876)
urb	1.155*** (2.826)	2.957*** (3.674)	2.753*** (3.346)	3.690*** (4.809)	3.322*** (4.234)	2.457*** (2.642)	3.520*** (4.533)
tei	－7.618* (－1.720)	－4.484* (－1.826)	－2.541 (－1.000)	－2.304 (－1.042)	－1.190 (－0.553)	－2.747 (－0.898)	－0.227 (－0.107)
mar	0.133 (0.453)	－0.632** (－2.463)	－0.633** (－2.456)	－0.549* (－1.967)	－0.506* (－1.944)	－0.747** (－2.489)	－0.547** (－2.101)

注：*inn*－1 至 *inn*－4 为高校创新能力在不同区间时的影响估计系数。

各控制变量估计结果显示，在高校创新活动的正向溢出情况下，企业创新资本投入显著促进了区域创新发展，说明两者具有一定的共生驱动效应。区域经济发展和城市化水平提升有利于加快技术创新，反向形成内生驱动的循环机制。值得关注的是，国外技术引进对区域创新发展的影响系数显著为负，说明技术来源由国外购买，逐步向内部创新转化，这符合创新性国家建设的合理预期。市场化经济水平对区域创新产出的影响并不显著，难以判断国有企业和民营企业的创新贡献差异。

10.3.3 高校创新活动对区域创新发展的非线性影响

以高校创新能力（*inn*）作为动态解释变量，检验高校创新对地区创新发展的非线性溢出影响。以 Hansen 的面板门槛回归方法，通过“自举法”重叠模拟似然比对统计量检验 500 次，估计得到 bootstrap P 值和 F 值，得以验证解释变量门槛影响的存在性及显著性①。结果显示（见表 10－6 中模型 D1－1），高校创新能力对区域创新发展的影响存在双重门槛影响②，第一门槛估计值（0.2753）通过了 1% 的显著性水平检验，第二门槛估计值（0.5603）通过了 10% 的显著性水平检验。由此说明，高校创新能力在不同区间时，对地区创新发展驱动效应有所差异，符合本文的理论假设。

表 10－6　高新创新溢出效应及政府研发资助调节影响的门槛检验结果

门槛模型	门槛检验	估计值	F 值	P 值	BS 次数
高校创新价值溢出动态影响模型 D1－1	单一门槛	0.2753	11.984***	0.000	500
	双重门槛	0.5603	2.951*	0.092	500
内生性检验模型 D1－2	单一门槛	0.1605	18.796***	0.000	500
	双重门槛	0.5297	5.461***	0.010	500
稳健性检验模型 D1－3	单一门槛	0.2753	11.390***	0.002	500
	双重门槛	0.5603	2.798*	0.068	500
政府资助对高新创新价值溢出的调节影响门槛模型 D2－1	单一门槛	0.0853	12.839***	0.000	500
	双重门槛	0.2131	7.447***	0.002	500
	三重门槛	0.5206	6.997***	0.002	500

---

① 按照 Hansen 的门槛检验方法，测试任意解释变量门槛值 γ，在估计各系数时，可求出相应的残差平方和 $S_1(\gamma)$，若在可行的范围内依次由大到小选定 γ，会得到多个 $S_1(\gamma)$，选择最小的 $S_1(\gamma)$ 作为门槛阈值 γ^*：$\hat{\gamma} = \text{argmin}S_1(\gamma)$。通过自抽样获得 F 统计量的渐进分布，从而测算得到拒绝原假设的概率值，以此检验门槛存在假设的显著性。并以 LR 统计量测定估计值与真实值的似然比：LR 统计量不满足标准分布，但其渐进分布满足 $c(\alpha) = -2\ln(1-\sqrt{\alpha})$，当 $LR_1 \leqslant c(\alpha)$ 时，得以验证门槛估计结果的合理性。

② 按照 Hansen 的估计方法，可检验的最多门槛数为三重门槛，而高效创新活动对区域创新发展的门槛影响估计结果显示，第三门槛并不显著，由此判定模型输出以双重门槛为有效。

续表

门槛模型	门槛检验	估计值	F 值	P 值	BS 次数
内生性检验模型 D2 - 2	单一门槛	0.0826	18.182***	0.000	500
	双重门槛	0.1501	3.341*	0.062	500
	三重门槛	0.1791	5.052**	0.026	500
稳健性检验模型 D2 - 3	单一门槛	0.0826	11.697***	0.002	500
	双重门槛	0.1501	4.472**	0.036	500
	三重门槛	0.1791	11.735**	0.000	500

结合门槛检验结果，面板门槛模型估计（见表 10 - 5 中模型 D1 - 1）显示，高校创新水平在（0，0.2753）区间时，对区域创新产出的影响弹性系数为 1.897，且通过了 1% 显著性水平检验，在这一阶段，高校创新有利于区域创新发展。当高校创新能力提升至（0.2753，0.5603）区间时，对区域创新发展的影响系数提高到 2.181（1% 显著性水平），提升高校创新能力释放了更为积极的创新溢出效应。当高校创新能力进一步提高超过 0.5603 第二门槛值，对区域创新发展的影响系数有所回落（1.757），但依然显著为正。

整体趋势来看，高校创新能力在三个不同门槛区间内对区域创新发展的影响均显著为正，这与线性模型基本一致。差异在于，高校创新水平对区域创新发展的影响系数呈现出“倒 U”型特征，在最优区间（0.2753，0.5603）时，对区域创新发展的溢出效应最佳，当高校创新能力高过一定门槛后，虽然能够继续促进区域创新产出，但正向溢出空间有所回落。原因可能在于，高校研发活动集中在基础研究领域，初期研发活动为市场化创新提供了必要支撑，能够释放积极的驱动效应，然而，大量的科研成果如果难以形成市场化应用，成果转化率出现瓶颈，则会限制高校创新活动的正向溢出。从 2017 年全国 30 个省区的高校创新能力测度结果来看，陕西、浙江等五个省区高校创新能力虽然超过了最佳门槛阈值 0.5603，但依然有助于提高区域创新发展水平。其余 25 个省区的高校创新效率依然处于最佳溢出区间（0.2753，0.5603），相应的现实意义在于，这些地区继续强化高校创新能力，有助于释放最佳溢出效应。

10.3.4　政府研发资助对高校创新溢出的动态调节效应

高校创新活动的动态创新溢出模型中，引入政府研发资助作为外生影响因素，检验政府研发资助的动态调节影响。Hansen 的门槛检验结果（见表 10－6 中模型 D2－1）显示，政府研发资助对高校创新溢出的调节效应存在显著三重门槛特征，第一门槛（0.0853）检验、第二门槛（0.2131）检验和第三门槛（0.5206）检验均通过了 1% 的显著性水平检验。由此判断，政府研发资助在四个不同门槛区间时，高校创新活动对区域创新发展的影响存在时空异质性。

从动态模型 D2－1 估计结果来看，政府研发资助强度在（0，0.0853）时，高校创新的溢出效应并不显著。当政府研发资助强度逐步提升至（0.0853，0.2131）区间时，高校创新显著驱动了地方创新发展，影响系数为 2.360，且通过了 1% 显著性水平检验。当政府研发资助强度进一步提升至（0.2131，0.5206）区间时，高校创新溢出系数也随之增长（2.668）。政府研发资助强度高于 0.5206 时，高校创新溢出的影响系数最大（3.056）。整体趋势来看，低强度的政府研发资助的激励效应有限，很可能成为“免费午餐”，难以有效驱动创新发展。随着政府研发资助强度提升，高校创新对区域创新发展的驱动影响出现了边际递增，说明高强度研发资助能够有效稀释创新投入风险，放大“挤入效应”。

这一结果的经济含义在于，一方面，高校创新活动是区域创新发展的重要驱动力，强化高校研发创新能力是提高区域创新水平的重要途径；另一方面，高校作为非营利组织，市场化创新驱动机制相对较弱，高强度研发资助能够有效激励高校创新积极性，进而带动区域创新发展。相应的统计结果显示，全国层面政府研发资助强度呈现出梭型结构，山东、浙江和江苏三省 2017 年的政府研发资助强度低于 0.0853 这一正向溢出门槛值，虽然三省整体经济水平较高，但依然有必要借助积极的财税政策，提高政府研发资助强度，发挥“产学研”对地方创新发展的驱动效应。而河南、广东等 25 个省区的政府研发资助强度已经迈入高校创新溢出的正向区间，但并未达到最佳强度门槛 0.5206，依然有较大提升空间。北京和海南的政府研发资助强度超过了 0.5206，高校创新的溢出影响处于最佳区间，要利用高校研发优势，引导创新资源聚集，通过“产学研”加快自主创新转型。

10.3.5 内生性控制

多元回归中，为了避免模型中可能存在的内生性干扰，在控制变量选取时，尽可能考虑到不同因素的内生性影响。在固定效应线性面板估计中，通过逐一添加控制变量的方法，检验不同因素的影响变化，结果发现，核心解释变量高校创新能力和政府研发资助对地区创新发展依然存在显著正向影响，由此认为，控制变量引入在一定程度降低了模型输出的内生性干扰。

针对面板门槛回归模型，传统的 GMM 方法难以检验非线性输出的内生性影响，本文借鉴 Greiner 的研究经验，对核心解释变量高校创新能力（*inn*）和政府研发资助强度（*gov*）滞后一阶处理，检验高校创新能力对地区创新发展的溢出影响（模型 D1 -2）以及政府研发资助的调节效应（模型 D2 -2）。结果显示，高校创新能力对区域创新发展的溢出影响依然存在显著双重门槛特征，第一门槛（0.1605）和第二门槛（0.5297）均通过了 1% 显著性水平检验，而高校创新溢出的非线性溢出趋势与模型 D1 -1 基本类似，在三个不同门槛区间的弹性影响系数均显著为正，在第二门槛区间（0.1605，0.5297）时的创新溢出效应最佳。而政府研发资助对高校创新溢出的调节效应存在三重门槛特征，当政府研发资助强度低于 0.0826 时，高校的创新溢出影响并不显著，政府研发资助处于（0.1501，0.1791）区间时，高校的创新溢出空间最大。上述结果说明，核心解释变量和门槛调节变量滞后一阶处理后，高校创新溢出轨迹及政府研发资助调节影响的整体趋势并未改变，由此判断门槛估计模型合理控制了内生性干扰。

10.3.6　稳健性检验

为进一步检验研究结论的稳健性，参考李勃昕等的研究方法，在高校创新溢出的动态影响估计时，删去区域创新水平最高地区北京和最低地区青海，降低极值数据的离散影响，输出结果见模型 D1－3，高校创新溢出的非线性轨迹依然存在两个显著门槛值 0.2753 和 0.5603，且最佳溢出区间（0.2753，0.5603）与模型 D1－1 一致，由此验证了高校创新溢出影响估计结果的稳健性。同时，在检验政府研发资助的调节效应时，删去 2006 年和 2017 年数据，缩小板面数据时间跨度，检验政府研发资助对高校创新溢出的调节影响，结果与模型 D1－1 基本一致，政府研发资助强度低于 0.0826 门槛时，高校创新溢出并不显著，资助强度高于这一门槛时，高校创新能力提升能够有效驱动地区创新发展，当然，影响因子的弹性系数发生了一些变化，但整体趋势相似，且控制变量影响一致，从而验证了研究结论的可靠性。

10.4　小结

针对高校创新活动的溢出效应检验，以及政府研发资助是否有效的问题，我们通过构建高校创新与地区创新发展的关联模型，从理论视角分析高校创新的溢出机制；并引入政府研发资助作为外生干预变量，提出政府研发资助对高校创新溢出可能具有较为复杂的动态调节影响。借助固定效应模型以及门槛估计模型，以中国 30 个省区 2006～2017 年的面板数据，实证研究高校创新对地区创新发展的溢出影响以及政府研发资助的调节效应，得到以下核心结论：

首先，从线性判断来看，高校创新活动对区域创新发展具有显著的正向溢出影响，这符合经验性预期。但从非线性溢出轨迹来看，高校创新的溢出影响并非一成不变，在存在最佳溢出空间（0.2753，0.5603）。相应的启示在于，强化高校创新要实施差异性策略，已经跨越最佳溢出门槛的省区要注重“产学研”的创新转化；而大部分处于最佳溢出区间的省区，要重视高校创新在“产学研”中的基础作用，发挥高校研发的攻坚效应，为自主创新发展提供有力驱动。

其次，通过检验发现，政府研发资助能够加快区域创新发展。由此来看，虽然贸易摩擦引发了美国对中国政府研发资助的诟病，认为外部干预破坏了技术竞争和市场公平，但经验研究证实，中国作为发展中国家，本身技术竞争处于弱势地位，研发资助能够有效稀释创新投入风险，改变创新产出曲线，突破发展中国家的“雁型模式”局限。值得借鉴的是，西方发达国家同样提倡政府研发资助对本国创新发展的激励作用，尤其是在一些新兴科技领域，通过政府研发资助，联合高校、科研院所、创新企业，推动多元创新融合与技术转化，实现国家创新优势。

最后，政府研发资助对高校创新溢出具有较为复杂的非线性调节影响，低强度资助未能有效释放高校创新的溢出效应，只有资助强度高于0.0853门槛阈值，才会撬动高校创新溢出，并且随着研发资助强度提升，这种正向溢出存在边际递增效应。可见，政府研发资助的“挤入效应”和“挤出效应”并不矛盾，更为合理的解释是，研发资助在不同影响界面具有一定的时空分异特征，“挤入效应”存在门槛约束条件，“产学研”的创新溢出红利需要高强度资助的有效撬动。因此，积极的财税政策要改变过去“面面俱到”的资助策略，降低传统行业补贴，提高对高校、科研院所和科技创新行业的资助强度，此消彼长，缩短供给侧改革的涟漪周期，加快内生驱动和创新发展。

第 11 章

优化政产学研融合与创新驱动的政策设计

11.1　强化基础研究投入对产学研的创新驱动

在实施产学研创新驱动发展战略背景下，中国的科技创新能力已经取得长足的进步，部分技术领域已经处于世界科技前沿，但科技发展水平特别是关键核心技术与西方发达国家相比仍存在一定差距，同实现“两个一百年”奋斗目标不相适应。面对科技创新的国内需求和国际环境，中国亟须形成以原始研发为中心的自主创新能力，打破关键核心技术掣肘于他国的局面。制约我国科技创新取得实质性突破的一个重要原因就是我国基础研究薄弱。所以，本章重点探讨了基础研究对产学研创新驱动的影响，从基础研究的视角分析产学研创新驱动的动力机制短板，提出通过强化基础研究来推动产学研创新，为中国的创新转型提出建议。

11.1.1　基础研究对产学研创新驱动的重要性

2019 年，我国科技经费投入力度进一步加大，研究与试验发展（R&D）经费投入保持较快增长，全国共投入研究与试验发展（R&D）经费 22143.6 亿元，总规模上并低于世界主要创新国家。但从研发结构上看，中国基础研究投入占研发总投入未见明显提高，长期维持在 5% ~6% 之间，远远低于世界主要创新国家。由此可见，中国基础研究经费投入对科技创新的影响较小的原因并不在于规模，而在于投入结构。首先，经费投入领域不平衡。虽然我国已经对基础研究投入的关注持续加强，但受到创新发展路径的影响，研发投入的重心仍然在应用研究和试验发展两环节，对于创新链上游的基础研究投入不足。其次，经费投入方式不够科学。基础研究的经费主要包括保障性经费和竞争性经费，我国研究机构尤其是高校的研究经费大多来源于竞争性项目，定向科研项目导致科研人员和学者常常处于被动，科研方向必须跟着竞争的“指挥棒”前进，只有一定比例的保障性经费才能为科技创新提供持续性、稳定性支撑。最后，基础研究经费投入主体单一，未形成多元化的投入体系。中央与地方政府在基础研究经费投入方面联动机制尚未建成，中央高度重视基础研究对创新的推动作用，但地方政府经费投入偏低，国家财政支持的国家级科研项目未能落地转变为生产力，导致大量政策资源浪费。社会经费投入力度较低，追求“短平快”的研究带来的立竿见影的收益是我国企业的通病，对基础研究的重视程度和投入都较少。社会资本对基础研究的投入潜力巨大，由于缺乏相应的法律保障和激励制度，社会力量的投入还处于探索阶段。

11.1.2 建立基础研究经费多元投入渠道

1. 形成以政府为主的基础研究投入方式。首先，中央政府应该加强顶层设计与统筹规划，继续加大基础研究投入力度、投入强度。针对我国研发投入的重心在于应用研究和试验发展两个环节，中央政府要制定合理的财政政策和税收优惠政策，将研发投入的重心向基础研究倾斜。其次，调整基础研究保障性经费与竞争性经费投入比例。目前我国高校的基础研究经费主要依托于竞争性经费，但过度竞争不利于科技创新的发展，政府应该建立以自由探索为主的研究氛围，对高校中的基础学科、交叉学科和新兴学科给予稳定的经费支撑，放松对科研方向、科研人员调配的过度管理。最后，加强地方政府投入基础研究的意识和能力。地方政府应在牢牢把握中央政府总战略、总方针的基础上，根据自身情况和特点发展适合本地区的研究，鼓励区域内高校、企业自主进行基础研究，促进中央政策落实。

2. 构建社会经费多元投入渠道。党的十九届五中全会指出，发展基础研究要建立起以政府投入为主、社会多渠道投入体系。一方面，企业作为科技创新的主体，应该加大对基础研究的投入，通过对创新需求和市场变化的把握，引导高校基础研究的发展方向与探索道路。企业可以设立高校基础研究专项经费，为基础研究提供物质保障的同时也为企业创造收益。另一方面，其他社会力量对基础研究的推动作用不容小觑。社会力量投入研究对创新需求更具有灵敏性，研发自主性更强，但由于缺乏法律法规和制度环境的保障，社会投入力量未充分发挥。所以政府应该为其提供明确的法律保障和优惠制度，增强社会力量投入力度，激发各类投资主体的内在动力。

11.1.3　完善基础研究制度性激励机制

1. 改革基础研究绩效考核评价体系。改革基础研究评价指标要以认知转变为前提，确立以质量、贡献为核心的评价导向。基础研究评价新指标的建设要摒弃原来以量化绩效为主的单一考核指标，应该把关注的焦点放在创新发展需求和国家战略目标的建设上，增加市场需求指标为评价重点，重视基础研究带来的长期效益。构建定性指标和定量指标、市场需求指标和创新需求指标等多元指标体系，采用同行评议、专家评议等综合评价程序，确立论文、专利等短期目标和知识存量、人才培养等长期目标相结合，从而建立符合当前基础研究发展需要的评价体系。

2. 进一步加强科研诚信建设。加强科研诚信建设要以《关于进一步加强科研诚信建设的若干意见》为指导，以明确责任、系统推进、激励创新、终身追责为基本原则，打造共建共享共治的科研诚信新格局，为基础研究创造诚实守信、追求真理、崇尚创新的科研环境，首先，要完善科研诚信管理工作机制和责任体系。建立健全职责明确、高效协同的科研诚信管理体系，从事科研活动及参与科技管理服务的各类机构要切实履行科研诚信建设的主体责任，从事科研人员以及科研管理人员要坚守底线，自净自律。其次，要切实加强科研诚信的教育和宣传，引导科研人员自觉抵制科研失信行为，开展负责任的研究。再次，严肃查处严重违背科研诚信要求的行为，坚持零容忍，建立终身追究制度，以严厉的打击方式提高科研人员对诚信科研重要性的认知。最后，加快推进科研诚信信息化建设，推动科研诚信信息系统与全国信用信息共享平台的建立，为实现跨部门跨地区联合惩戒提供支撑。

3. 培养高层次基础研究人员。通过自主培养和外部引进两种方式为我国取得基础研究的突破提供人力资本。我国作为具有科技禀赋的大国，不缺少高层次基础研究人员，只是缺乏把人员转化为创新人才的培养体系和引导策略。建立多元的人才激励制度要求基础研究科研人员的工资收入，福利待遇、社会地位与科研贡献成正比，有形激励与无形激励、精神激励与物质激励、政府激励与市场激励统一，奖励与惩戒并重，以此来鼓励其他领域优秀人才向基础研究转移，扩大基础研究人力资源储备。另外，加强基础研究科研人员流动性，鼓励科研人员跨国界、跨领域、跨部门流动，建立兼顾稳定性和流动性的人才利用制度。

11.2 加强知识产权保护的创新激励效应

随着创新驱动发展战略的实施，产学研合作对密切校企关系，优化创新资源配置，提升企业创新竞争力，促进产业转型升级等意义重大。在产学研合作过程中，涉及研发成果保护、成果权益归属、成果转化利益分享等一系列问题，这些问题与知识产权及其保护关系密切，这些问题能否得到妥善处理和解决直接关系产学研合作的成败，可以说，知识产权保护是影响产学研主体能否顺利合作的关键因素。这体现在两方面，一是对企业方而言，作为市场经济主体，企业在参与产学研合作时，首先会考虑合作是否能带来收益或收益多少、其中存在的潜在风险有多大以及自身的投入产出比高低，这是因为，企业以追求经济效益最大化为根本目的。二是对学研方而言，高校与科研院所参与合作的首要考虑因素是自身科研成果能否真正体现内在价值。由于合作主体价值目标和利益诉求不同、对知识产权期望高低不一以及文化层面差异，合作中不可避免会产生一些矛盾和利益纠纷，进而影响产学研合作的深度和广度。由此可见，知识产权保护作为产学研合作的聚焦点，是影响产学研合作的关键所在。

11.2.1 知识产权制度激励的重要性

知识产权保护对产学研合作发展的作用机制在于，保障学研方在科研成果转化后获得相应物质报酬，享受合作带来的巨大回报；帮助企业排除竞争者恶意模仿引起的利益损害，有效维护企业合法利益，刺激企业继续通过参与合作提高创新能力和市场竞争力。具体言之，依托知识产权获取物质报酬是学研方参与合作的主要动机，这是因为，学研方绩效考核与企业存在较大差异，其主要考虑因素是论文发表、科研成果、课题申报等，而科研成果转化后仍需持续性研发投入和再创新，加之合作各阶段存在的高风险和不确定性，都会制约学研方参与合作的意愿，另外，现实中诸多知识产权侵权也会打击学研方从事成果研发和转化的积极性。因此，有效的知识产权保护能减少学研方参与合作的疑虑，保护其应获权益，进而提升学研方参与产学研合作的热情和意愿。同时，当企业通过技术转让方式获得学研方技术成果后，在知识产权保护下，该技术成果归企业所有，知识产权保护可以确保企业研发和新技术的安全性，进一步激励企业加大研发投入，但在缺失知识产权保护情境下，企业参与合作的积极性和收益很可能因为竞争者恶意窃取或模仿而大大减少。由此可见，缺乏合理有效的知识产权保护，创新成果会被合作伙伴或竞争对手剽窃或模仿，创新者得不到应有回报，也难以弥补创新过程中的资金和脑力投入，最终抑制产学研合作的热情和动力；反之，加强知识产权保护，有利于维护合作主体合法利益，引导合作各方全身心投入到产学研合作中。

11.2.2　提高知识产权保护意识，重视成果研发与申请工作

作为产学研合作的成果研发方，学研方应注重提高产权保护意识，积极对研发成果进行专利申请，及时获取国家授权与许可；在与企业开展合作交流时，加强对自身成果的保护，做好产权保密工作；改变过于重视成果研发质量而忽视产权保护的观念，将增强产权保护意识贯穿产学研合作各个阶段；在合同签订阶段，重视明确双方权责和利益分配方式，明确保障自身产权利益。同时，重视规范自身成果研发与转化工作，提高成果研发速度和质量，加快开展成果转化工作。一方面，成果研发中，重视推进成果研发与市场用户需求相吻合，提升成果转化产品的市场占有率。另一方面，提升自身科研能力与产权创新水平，保证成果的新颖性，保障产权

成果的独有性，防止发生知识侵权和窃取行为。

11.2.3 加快产学研知识产权保护法律完善

知识产权保护是产学研合作成功的必备外部条件。在缺乏知识产权保护的环境中，合作方之间的信任难以建立，从而会大大增加交易费用，影响合作质量和效力。我国应借鉴国外立法经验，将产学研知识产权保护专项立法作为当前产权立法工作的重点，建立产学研产权保护的统一标准，填充产权保护法规中存在的空白，改变我国产学研合作中产权保护措施过于分散、内容重叠的现状，推进我国产学研合作的规范化与法制化，保障合作各方产权利益。同时，建立全面的高校产权保护体系，针对产学研现状适时进行政策更新，为政府和高校开展产权保护工作提供理论依据和政策指导。一方面，在高校产权保护立法中，拓宽产权保护范围，加强对其他诸如著作权、技术秘密与研究数据等的知识产权保护。另一方面，政府应结合当地实际情况制定产权保护相关管理办法，增强产权保护管理办法的操作性和针对性，为有效保障产学研知识产权合法权益夯实制度基础。

11.2.4 明确知识产权归属细则，增强政策可操作性

重视制定产权归属细则，明确产权成果的归属权，有利于减少产学研间产权冲突，保证产权发明者产权利益，促进合作共赢发展。总体而言，产学研合作中产生的知识产权成果主要分为两类：一是产学研合作开发或委托开发形成的产权归属；二是高校与研发人员之间的产权成果归属。政府要做好产学研中知识产权归属工作，一方面，在知识产权管理意见中，应明确规定产学研合作开发或委托开发形成的产权归属、企业是否具有排他许可使用权以及向第三方进行专利许可实施权等。另一方面，健全高校产权归属制度，明确高校职务成果归属细则，加强对职务成果与个人成果归属的划分界定，增强产权归属政策的针对性，从而规范研究人员对职务成果的转化与使用工作，充分保证高校知识产权归属与产权利益。

11.3　发挥技术市场对政产学研的支撑效应

技术市场工作是政产学研体系中建设比较早、比较成熟和相对规范的经济工作。技术市场是技术成果这一特殊商品进行交易的场所。涵盖技术开发、技术转让、技术咨询、技术培训、技术成果评估、技术鉴定与服务等领域（刘谋升，2005）。当前我国技术市场主要是以企业孵化器、科技咨询与评估机构、技术交易机构、创业投资服务机构为代表的科技中介机构，这些中介机构在不同的利益主体间发挥着纽带作用，使各项科技资源得到了优化配置，进而促进国家科技创新体系的形成。中共中央明确提出要建立“以企业为主体、市场为导向、产学研相结合的技术创新体系”，在整个政产学研的合作体系中，技术市场承担了纽带和桥梁的作用，对于促进政产学研合作，实施自主创新，调整产业结构、转变增长方式具有重要意义。因此，在当前创新驱动产业升级的背景下，发展和培育技术市场对政产学研的支撑作用具有重大意义。

11.3.1　科技管理部门强化对技术市场的管理

政产学研这一合作模式由产学研合作模式发展而来，这一模式将政府纳入了创新链条，并注重政府对产学研合作的引导和支持作用（汪明月，2020）。然而在该模式下，仍旧存在结构失衡、科技成果产业化程度低和权益分配不均等问题，严重阻碍了我国政产学研创新驱动的发展，其中很大一部分原因归咎于目前我国技术市场发展还不成熟，在推动科技成果转化，提升产学研融合方面亟待提高。主要表现为制度化管理程度较低、技术市场运作效率低下和缺乏有效的监督管理。

纵观西方国家政产学研发展的历程，技术市场的开放在推动政产学研融合发展方面发挥了不可比拟的作用。技术市场的开放强化了科技研究的市场化导向，促进了科技成果转化，对企业的技术进步和产品升级换代起到了承上启下的关键作用，加速了技术成果商品化和产业化的进程。技术转移是企业实现自主创新，提高自身竞争力的关键环节，为此，我国技术市场应加快推进自主创新成果转移，不断完善技术转移机制，为技术转移搭建高效的通道，让知识和技术能够在大学、企业和科研院所间充分流动，加快建成以企业为主体、市场为导向、产学研紧密结合的技术创新和转移体系，引导企业成为科技创新活动的主体和科研成果集成应用的主体。技术市场的健康发展是经济发展和产业升级的重要推动力，技术的研发和产业化均是科技管理部门管理的必要环节，任何一个环节都不能弱化，各个环节合理有序的衔接，是保证和实现技术市场整体工作质量有效性的根本。

因此，科技管理部门要充分发挥其宏观督导作用，加大对各部门工作的管理和指导力度；加大资金投入，在设置专用资金的同时，充分吸纳民间资金，推动政产学研合作能够持续稳定地发展，通过科技管理部门的资金和政策支持，进而实现人、财、物的良性循环；设置适应社会主义市场经济发展的相关机构，成立技术转移中心，以实现技术管理与推广、优化科技资源的配置等，充分挖掘技术市场的潜力，加快促进科技成果转化和技术转移，强化对政产学研的支撑效应；在充分调查的基础上，明确需要服务的企业及其需求，在区域现有的技术市场资源的基础上，引入其他优质资源，做到优势互补，逐步实现数据共享，进而形成全国性的技术市场基础功能平台。

11.3.2 创造有利于技术市场发展的法律法规和政策环境

技术市场是社会主义市场经济体系重要的要素市场，是国家创新体系的重要组成部分，是促进技术成果商品化、产业化的重要渠道。从发达国家的经验看，政产学研的合作推进离不开健全完备的法律政策和规范有序的技术市场，为此，我国颁布了一系列促进技术市场发展的法律法规。1985 年，中共中央颁布《关于科学技术体制改革的决定》指出，要开拓技术市场并促进技术成果的商品化，以适应社会主义商品经济的发展；1996

年颁布《中华人民共和国促进科技成果转化法》，保证科技成果转化的资金基础和税收优惠政策；2008 年颁布《高新技术企业认定管理办法》，保证了科学技术的研发投入和企业自主知识产权。出台的这一系列政策，旨在改善我国技术市场发展的政策环境，增强企业自主创新能力，促进政产学研创新协同发展，加强政产学研合作各个环节之间的联系，建设与创新型强国目标相适应的技术创新体系（李苗等，2019）。

因此，我们要充分结合我国国情，研究和制定促进我国技术市场健康发育和中介机构持续发展的政策法规，对其进行政策扶植和引导，使之迅速发展壮大，明确其法律地位、权利义务、组织制度和发展模式；研究和制定技术中介机构公平竞争制度、信誉考核制度和有效的监督制度，为技术市场的规范发展奠定基础；研究和制定专项科研计划或项目，通过这些具体的项目，为技术成果转移搭建桥梁，引导政产学研各主体建立良好的合作关系，充分调动参与者的积极性；研究和制定技术市场从业资格人员资格审核和考核细则和科技中介机构的认定与管理细则，建立技术市场经营机制的明确规范。

11.3.3　发展多种经济成分的科技中介机构

技术市场的建立与发展，进一步促进了我国政产学研的融合发展，多种类型的科技中介机构也得到了迅速发展，包括生产力促进中心、高新技术创业服务中心和科技咨询机构等，大大促进了技术创新和技术转移。然而，一些政府部门在培育中介市场和科技中介机构的过程中，形成了“政府办中介，中介养政府”的不利于技术市场发展的局面，造成政产学研的技术成果转移链条的缺失。在技术市场发展过程中，部分科技中介机构由政府主办，拥有强大的政府背景，由此“寻租”现象频发，且自身发展缺乏活力，但在技术市场中处于垄断地位，破坏了正常的市场竞争环境，严重抑制了民营科技中介机构的发展。同时，部分本应由科技中介机构承担的职责，由于政府继续承担，造成了政府职能的错位和越位，既不利于科技中介机构服务水平的提高，更阻碍了技术市场的健康发展。此外，当前我国非营利的公共科技机构数量和服务满足不了旺盛的市场需求，且民间非营利科技中介机构缺乏成型化制度建设。

因此，首先我们要从根本上打破由政府衍生的科技中介机构垄断技术市场的局面，推动发展多种经济成分的科技中介机构，避免不公平的竞争，鼓励按照市场机制建立民营科技中介机构；其次，打造科技中介机构品牌，依托行业协会，对现有的科技中介机构的信誉度、服务水平、管理水平、遵纪守法情况和用户满意程度等进行客观评价和监督，评价过程遵循客观、公正、公开的原则，表彰业内业绩卓越的科技中介机构，充分发挥模范作用，形成“品牌效应”，促使科技中介机构除了重视经营效益外，更要重视自身的社会形象。最后，进一步理顺政府与科技中介机构的关系，规范科技中介机构的服务，加强中介人员的队伍建设，为技术转移提供高效、优质的科技中介服务，为我国技术市场的发展创造健康的发展环境，只有拥有成熟有序的技术市场，才能促进科技成果更快地转化，促进政产学研关键环节的衔接。

11.3.4 充分发挥行业协会在技术市场建设中的积极作用

行业协会是社会中介组织和自律性行业管理组织，是联系政府和企业的桥梁和纽带，主要发挥服务、协调和监督作用。在部分制度化较强的场合，这些行业协会甚至被视为“私益政府”，这些行业协会的行为方式主要有以下四种：组织和实施成员间的合作；与其他行业协会订立集体性合约；变通或影响政府的政策，以保证其成员的利益；提供各类影响交易行为和效果的信息（雷光继等，2013）。在西方发达国家，随着市场经济发展的不断成熟和政产学研深度融合发展，政府对市场的管控随之减弱，尽管如此，其市场的交易仍然有序，其中一个重要的原因是，行业协会发挥了重要的作用。

为此，我国政府应当充分发挥行业协会在技术市场建设中的积极作用。一方面，政府各部门要积极催生科技行业协会，为行业协会的发展提供各项优惠政策和税收减免政策，使之充分发挥其服务和咨询作用，为政府和企业提供咨询，为技术市场提供监督，在政府的宏观指导下，提高科技创新行业参与率，进而促进行业自律和行业规范发展。另一方面，科技中介行业协会应发挥其对政府、企业、高校和科研院所的纽带作用，增强我国政产学研的创新驱动力，及时向政府及相关部门反映意见和建议，促使政产学研的各主体能够在第一时间内了解市场需求，面向市场，进而产生技术创新的内在动力，共创技术研发平台，加速创新成果转化。

11.3.5　加快技术市场与其他市场要素的结合

在技术市场里，信息存在于两个方面：一是在技术市场里流动和交换的有价技术，二是通过信息工具进行技术商品的交换和转移。技术商品的特点决定了技术转移必然不是单独进行的，而是伴随着如人才、资金和其他创新要素的转移。

回顾我国技术市场建设的发展历程，总体而言，我国技术市场的发展仍处于初级阶段，科技中介服务机构也处在发育的初级阶段，技术市场的发展任重道远。因此，我国的技术市场发展应积极与其他要素市场相结合。在众多市场要素中，技术要素具有引导作用，我们要充分发挥区域常设技术交易市场的作用能力，加快对其功能的重塑，并促进资本、人才和技术市场的进一步融合，实现与其他要素市场联动的机制，对于资本、人才和仪器设备等要素的资源配置，要在条件适宜之时开展科技资源的配置统筹的创新市场，以新的产权交易方式构建起高新技术产业、股权交易等技术的产权交易平台，推动技术市场的创新发展，进而驱动我国政产学研协同发展。此外，技术市场要以技术要素为牵引，积极吸引其他机构的参与，如金融机构、担保机构和风险投资机构等，与科技中介服务机构一同推进技术转移和科技成果转化，打造产业化的创新服务链。最后，技术市场要深入调查企业，充分了解市场需求，在此基础上，按照企业和科技中介服务机构的要求，涉及服务功能，结合人才、资本等创新要素，积极创造有利的条件，形成集成商业模式，实现信息、技术、服务的增值，最终实现政产学研的创新驱动发展。

参考文献

[1] 艾仁贵．以色列的高技术移民政策：演进、内容与效应［J］．西亚非洲，2017，4（3）：50－74.

[2] 白俊红，卞元超．政府支持是否促进了产学研协同创新［J］．统计研究，2015，32（11）：43－50.

[3] 宾厚，马全成，王欢芳．政产学研协同创新模式与产业技术创新质量［J］．湖南科技大学学报（社会科学版），2020，23（4）：70－72.

[4] 卜琳华，安实，付强．基于高等院校主导的协同创新模式研究［J］．科技进步与对策，2012，29（22）：40－43.

[5] 曹霞，宋琪．产学研创新系统耦合对产学研主体知识进化影响机理［J］．科学学与科学技术管理，2014（12）：89－98.

[6] 曹燕萍，胡谦，梁胜男．产学研合作创新：困境与出路——基于财税政策视角下的分析［J］．湖南大学学报（社会科学版），2010，24（4）：67－71.

[7] 曹勇，邢燕菊，赵莉．日本推进产学研合作创新的立法效果及启示［J］．情报杂志，2009，28（10）：191－196.

[8] 陈朝月，许治．政府研发资助不同方式对企业开放式创新的影响探究［J］．管理学报，2018，15（11）：1655－1662.

[9] 陈光华，王烨，杨国梁．地理距离阻碍跨区域产学研合作绩效了吗？［J］．科学学研究，2015，33（1）：76－82.

[10] 陈骏．立足高地攀登高峰，开启新时代高校基础研究新征程［J］．中国高等教育，2018（6）：17－19.

［11］陈套. 以色列创新引领发展的政策逻辑和实践选择［J］. 中国高校科技，2019，4（10）：51－54.

［12］陈颖. 科技成果产业化的政产学研联盟协同创新机制研究［J］. 中国高校科技，2019（Z1）：107－109.

［13］陈治亚，强化创新型人才培养的思考与探究［J］. 中国高校科技，2015（9）：8－11.

［14］崔百胜，朱麟. 政府资助能有效激励创新吗？——基于创新系统视角下 DSGE 模型的分析［J］. 管理评论，2019，31（11）：80－93.

［15］丁敬达，邱均平. 科研评价指标体系优化方法研究——以中国高校科技创新竞争力评价为例［J］. 科研管理，2010（4）：111－118.

［16］董洁，孟潇，张素娟，李群. 以色列科技创新体系对中国创新发展的启示［J］. 科技管理研究，2020，40（24）：1－12.

［17］董玉宽，周鹏，张晓芬. 高校以协同创新为先导推进科技成果转化的思考——以沈阳建筑大学为例［J］. 现代教育管理，2018（8）：41－45.

［18］杜龙政，林润辉. 对外直接投资、逆向技术溢出与省域创新能力——基于中国省际面板数据的门槛回归分析［J］. 中国软科学，2018（1）：149－162.

［19］杜阳，李田. 产业政策、竞争驱动与企业创新效率［J］. 经济与管理研究，2020，41（7）：47－60.

［20］段海艳，田亚星. 研发投入对企业未来盈利能力影响的实证分析［J］. 财会月刊，2021（12）：34－41.

［21］段淑芳. 知识经济条件下产学研合作技术创新动因及优势分析［J］. 特区经济，2009（1）：291－293.

［22］樊琦，韩民春. 政府 R&D 补贴对国家及区域自主创新产出影响绩效研究——基于中国 28 个省域面板数据的实证分析［J］. 管理工程学报，2011，25（3）：183－188.

［23］费艳颖，姜国峰，王越. 美日韩大学参与产学研协同创新模式及对我国的启示［J］. 科学管理研究，2014（1）：107－109.

［24］封凯栋，姜子莹，张立．产学研组织方式变革：路径依赖与改革前瞻［J］．学术研究，2020（10）：77－83．

［25］付晔，张乐平，马强，陈钦昌．R&D资源投入对不同类型高校专利产出的影响［J］．研究与发展管理，2010，22（3）：103－111．

［26］耿乐乐．发达国家产学研协同育人模式及启示——基于德国、日本、瑞典三国的分析［J］．中国高校科技，2020（9）：35－39．

［27］龚志文，陈金龙．R&D投入与公司价值相关性的实证分析——以我国生物制药和电子信息技术行业上市公司为例［J］．科技进步与对策，2011（22）：10－13．

［28］辜胜阻，吴华君，吴沁沁，余贤文．创新驱动与核心技术突破是高质量发展的基石［J］．中国软科学，2018（10）：9－18．

［29］郭斌．知识经济下产学合作的模式、机制与绩效评价［M］．北京：科学出版社，2007．

［30］郭惠，李勃昕，黄钺．商业模式创新对新时代中国创新进步的影响——基于商业模式、产业技术与制度改革的三角结构分析［J］．商业经济研究，2019（21）：11－15．

［31］郭江江，戚巍，王子晨．我国高校研发投入与创新产出关系的实证研究［J］．中国高教研究，2014（3）：37－41．

［32］郭迎锋，顾炜宇，乌天玥，王立勇．政府资助对企业R&D投入的影响：来自我国大中型工业企业的证据［J］．中国软科学，2016（3）：162－174．

［33］郭正权，朱安丰，赵晓男．政产学研体系科技成果转化的模拟分析［J］．经济问题，2021（2）：45－52．

［34］郝丽，许慧．供给侧改革背景下地方本科高校应用型转型路径研究［J］．科技和产业，2018（12）：50－53．

［35］何洁，李晓强，周辉．美国工程研究中心建设对我国政府资助产学研协同创新平台建设的启示［J］．科技进步与对策，2013，30（17）：10－13．

［36］贺一堂，谢富纪．基于量子博弈的产学研协同创新激励机制研

究［J］. 系统工程理论与实践，2019，39（6）：1435－1448.

［37］胡恩华，郭秀丽. 我国产学研合作创新中存在的问题及对策研究［J］. 科学管理研究，2002，20（1）：69－72.

［38］胡海鹏，袁永，邱丹逸，廖晓东. 以色列主要科技创新政策及对广东的启示建议［J］. 科技管理研究，2018，38（9）：32－37.

［39］黄明东，李炜巍，黄俊. 中国产学研合作发展现状及对策研究［J］. 科技进步与对策，2017，34（19）：22－27.

［40］黄贤凤，武博，王建华. 政府研发资助、合作研发与企业创新绩效关系研究［J］. 中国软科学，2014，28（1）：15－19.

［41］季晶. 推进高校协同创新提升科研服务能力［J］. 科教导刊（上旬刊），2011（23）：35－36.

［42］季柳，蒋伏心. 高校科研资源转化是否有效促进了企业技术创新——基于效率视角的实证分析［J］. 财会月刊，2018（2）：51－57.

［43］柯江林，孙健敏，石金涛，顾琴轩. 企业 R&D 团队之社会资本与团队效能关系的实证研究——以知识分享与知识整合为中介变量［J］. 管理世界，2007（3）：89－101.

［44］蓝晓霞，刘宝存. 美国政府推动产学研协同创新的路径探析［J］. 中国高教研究，2013（6）：64－68.

［45］蓝晓霞. 美国产学研协同创新保障机制探析［J］. 高等工程教育研究，2014（4）：146－151.

［46］蓝晓霞. 美国产学研协同创新的主要模式、特点及启示［J］. 中国高教研究，2014（4）：50－53.

［47］蓝晓霞. 美国产学研协同创新机制研究［M］. 北京：北京交通大学出版社，2014.

［48］雷朝滋. 新中国成立 70 年高校科技创新发展历程与未来展望［J］. 中国高等教育，2019（18）：11－13.

［49］黎海波. 日本产学研合作模式、发展特点及启示［J］. 中国科技成果，2008（13）：15－18.

［50］李勃昕，韩先锋，刘斌. 宏观税负是否影响了对外直接投资的

创新溢出？[J]. 财政研究，2019（10）：87－99.

［51］李勃昕，韩先锋. 新时代下对中国创新绩效的再思考——基于国家创新体系的“金字塔”结构分析［J］. 经济学家，2018（10）：72－77.

［52］李成龙，刘智跃. 产学研耦合互动对创新绩效影响的实证研究［J］. 科研管理，2013，34（3）：23－30.

［53］李发福. 产学研合作中阻碍智力要素流动的制度性壁垒［J］. 中国科技论坛，2008（12）：83－87.

［54］李福，赵放. 创新中心的形成：创新资源的集聚与利用模式［J］. 中国科技论坛，2018，4（4）：7－14.

［55］李恒. 产学研联合创新法律机制的研究［J］. 中国科技论坛，2009（4）：46－50.

［56］李健. 大力推进产学研协同创新的思考［J］. 中国高等教育，2013（Z1）：19－20.

［57］李杰，郭杰. 我国产学研协同创新对科技成果转化率的影响［J］. 经济视角，2016（5）：23－29.

［58］李梅，卢程. 研发国际化与企业创新绩效——基于制度距离的调节作用［J］. 经济管理，2019，41（1）：39－55.

［59］李明，李鹏. 产学研融合下的科技创新与经济发展［J］. 财经问题研究，2017（1）：41－47.

［60］李培凤. 不同省域政产学研合作体系的耦合效应比较［J］. 科技管理研究，2018，38（9）：99－103.

［61］李平，刘利利. 政府研发资助、企业研发投入与中国创新效率［J］. 科研管理，2017，38（1）：21－29.

［62］李强. 我国产学研合作中存在的问题与对策研究［D］. 河南师范大学，2015：1－45.

［63］李天柱，侯锡林，马佳. 基于接力创新的高校科技成果转化机制研究［J］. 科技进步与对策，2017，34（3）：147－151.

［64］李武威. 国内研发投入、技术转移与创新绩效的协整分析——以1991－2007年大中型工业企业数据为例［J］. 科技管理研究，2011，31

(8)：85－89.

［65］李阳，原长弘，王涛，陈志强．政产学研用协同创新如何有效提升企业竞争力？［J］．科学学研究，2016，34（11）：1744－1757.

［66］李正风，曾国屏．OECD 国家创新系统研究及其意义：从理论走向政策［J］．科学学研究，2004（2）：206－211.

［67］梁梓萱，何海燕．科技成果转化创新模式探析［J］．中国高校科技，2017（Z1）：108－110.

［68］廖述梅．高校研发对企业技术创新的溢出效应分析［J］．科研管理，2011，32（6）：11－17＋35.

［69］林迎星．我国创新政策的历史演变及其特点［J］．科技进步与对策，2003（1）：10－12.

［70］刘斐然，胡立君，范小群．产学研合作对企业创新质量的影响研究［J］．经济管理，2020（10）：120－122.

［71］刘恒怡，宋晓薇．基于金融支持视角的全球科创中心建设路径研究［J］．科学管理研究，2018，36（4）：101－104.

［72］刘慧芬．产学研合作模式和机制研究［D］．上海：上海交通大学，2009：21－22.

［73］刘继红．新常态下高校主导型产学研合作模式创新的动因与路径［J］．江海学刊，2016（5）：203－208.

［74］刘力．美国产学研合作模式及成功经验［J］．教育发展研究，2006，26（7）：16－22.

［75］刘彦．日本以企业为创新主体的产学研制度研究［J］．科学与科学技术管理，2007，28（2）：36－42.

［76］刘勇．利益分配视角下产学研协同创新激励机制［J］．系统管理学报，2016，25（6）：984－992.

［77］刘友金，易秋平，贺灵．产学研协同创新对地区创新绩效的影响——以长江经济带 11 省市为例［J］．经济地理，2017，37（9）：1－10.

［78］柳卸林，何郁冰．基础研究是中国产业核心技术创新的源泉［J］．中国软科学，2011（4）：104－114.

[79] 龙静，黄勋敬，余志杨. 政府支持行为对中小企业创新绩效的影响——服务性中介机构的作用 [J]. 科学学研究，2012，30 (5)：782 - 788 + 790 - 792.

[80] 罗啸潇，王婷. 产学研协同创新效率研究 [J]. 技术与创新管理，2020，41 (4)：336 - 343.

[81] 马茹，王宏伟，罗晖. 中国科技创新力量布局现状研究 [J]. 科学管理研究，2019，37 (3)：2 - 7.

[82] 马文聪，李小转，廖建聪，张光宇. 不同政府科技资助方式对企业研发投入的影响 [J]. 科学学研究，2017，35 (5)：689 - 699.

[83] 迈克尔·波特. 国家优势决定企业繁荣 [J]. 中国经济周刊，2012 (37)：76.

[84] 孟娟. 网络环境下企业生态系统协同创新的影响机制研究 [D]. 衡阳：南华大学，2008：5 - 76.

[85] 聂林，何健敏，章向宏. 浅谈高校如何通过国家专利协同运用试点单位建设进一步促进科技成果转化 [J]. 广东科技，2017，26 (6)：72 - 73 + 71.

[86] 牛文科. 高校科技成果转化模式创新研究 [J]. 中国科技产业，2020 (12)：39 - 41.

[87] 潘华. 发达国家促进职业教育产教融合的经验及启示 [J]. 中国经贸导刊，2018 (25)：60 - 62.

[88] 彭华涛，林琳，全吉. 世界主要国家产业创新中心的经验与启示 [J]. 中国科技论坛，2017，4 (11)：180 - 186.

[89] 秦军. 我国产学研合作的动因、现状及制度研究 [J]. 技术经济与管理研究，2011 (11)：33 - 36.

[90] 邱洋冬. 产学研合作的创新激励效应研究——基于不同调节机制的分析 [J]. 经济体制改革，2020 (5)：109 - 110.

[91] 权衡，孙亮，黎晓寅. 国家创新体系建设：经验与启示——印度、爱尔兰、芬兰、以色列比较研究 [J]. 学习与实践，2010，4 (4)：15 - 23 + 142.

［92］全继刚. 美国高校产学研合作创新实践及其启示［J］. 中国高校科技，2015（6）：66－67.

［93］冉美丽. 美国 I/UCRC 计划推动产学研深度融合的经验与启示［J］. 全球科技经济瞭望，2019（5）：52－59.

［94］任宗强，吴志岩. 创新网络中的异质性、匹配度与能力动态仿真研究［J］. 科学学与科学技术管理，2012，33（8）：51－57.

［95］荣凤芝，钟旭娟. 政府补助、研发投入与企业绩效相关性的实证检验［J］. 统计与决策，2020（5）：161－165.

［96］邵莹莹. 我国产学研合作中高校知识产权保护问题及对策研究［D］. 河北：河北大学，2020：25－27.

［97］石留，美国研究型大学产学研合作模式研究及对我国的启示［D］. 湖南师范大学，2017：1－41.

［98］时临云，张宏武，侯晓飞，孙傲. 中国和日本产学研一体化机制和政策的比较研究［J］. 科学经济社会，2010，28（4）：36－40.

［99］时临云，张宏武. 日本产学研合作的体制、政策及其对我国的启示［J］. 改革与战略，2010，26（11）：175－179.

［100］史建锋，张庆普，郑作龙. 产学研知识创新联盟界面管理研究——以 HRT 产学研知识创新联盟界面管理为例［J］. 中国软科学，2017（2）：162－171.

［101］史宇鹏，顾全林. 知识产权保护、异质性企业与创新：来自中国制造业的证据［J］. 金融研究，2013（8）：136－149.

［102］宋来胜，苏楠. 政府研发资助、企业研发投入与技术创新效率［J］. 经济与管理，2017，31（6）：45－51.

［103］宋薇. 关键高管薪酬差距、研发投入与企业绩效［J］. 财会通讯，2021（4）：50－53.

［104］苏竣，眭纪刚. 中国高校科技创新发展与人才培养［J］. 科学学研究，2018（12）：2132－2135.

［105］孙成，崔维军，陈光. 大学、公共研究机构及企业对产学研合作问题的认知差异——基于日本深度访谈的文本分析［J］. 中国科技论

坛，2021（2）：179－188.

［106］孙林杰，彭丽霞，孙万君．研发成本粘性与技术创新绩效的关联性研究［J］．科学学研究：1－14［2021－06－23］．

［107］陶诚，张志强，陈云伟．关于我国建设基础科学研究强国的若干思考［J］．世界科技研究与发展，2019（1）：1－15.

［108］万坤扬，陆文聪．高校研发知识溢出与大中型工业企业创新绩效［J］．中国科技论坛，2010（9）：71－76.

［109］汪佩伟，李帆．当代美国产学研合作的发展趋势及其启示［J］．科技进步与对策，2000（7）：113－115.

［110］王凡．高校科技成果转化中“政产学研金服用”模式探讨［J］．中国高校科技，2021（6）：92－96.

［111］王丽平，栾慧明．组织距离、价值共创与产学研合作创新绩效［J］．管理学报，2019，16（5）：704－711.

［112］王丽燕，庞昊．日本依托“产学合作”培养应用型人才的经验与启示［J］．中国高校科技，2017（9）：49－52.

［113］王少青．我国高等学校科研投入产出分析［J］．数量经济技术经济研究，2002（5）：77－79.

［114］王树国．基础研究与大学职责［J］．中国高校科技与产业化，2010（9）：4－6.

［115］王涛涛．日本技术先进首都圈地区产学研合作机制研究［J］．现代教育科学，2013（1）：170－175.

［116］王晓珍，蒋子浩，郑颖．我国高校创新效率评价研究：八大区域视角［J］．科研管理，2019，40（3）：133－144.

［117］文学．高校科技成果转化体系的反思与建构——以协同理论为起点的探讨［J］．中国高校科技，2021（5）：89－92.

［118］吴洁，车晓静，盛永祥，陈璐，施琴芬．基于三方演化博弈的政产学研协同创新机制研究［J］．中国管理科学，2019，27（1）：162－173.

［119］吴洁．产学研合作中高校知识转移的超循环模型及作用研究

[J]. 研究与发展管理，2007，19（4）：119－123.

［120］吴阳芬，曾繁华. 科技创新供给侧结构性改革——基于有效供给假说视野［J］. 江西师范大学学报（哲学社会科学版），2019，52（2）：123－131.

［121］吴兆明，冯臻，衣鹁，郑爱翔. 政产学研合作信任提升与高校科技成果转化互动发展研究——基于信任动态演进的视角［J］. 黑龙江畜牧兽医，2018（6）：234－238.

［122］武学超. 美国联邦政府推动产学研协同创新的路径审视——政策工具视角［J］. 高教探索，2017（5）：71－77.

［123］肖其师，刘哲. 发达国家科技评价经验与启示——对日韩瑞英德科技评价体系的考察［J］. 科学管理研究，2018，36（6）：107－110.

［124］肖荣辉. "政政产学研"协同创新应用型高校科技成果转化路径研究［J］. 黑龙江高教研究，2018，36（11）：59－62.

［125］谢开勇. 国外高校产学研合作模式分析［J］. 中国科技论坛，2004（1）：119－122.

［126］熊鸿儒. 我国产学研深度融合的短板和挑战在哪里？［J］. 学习与探索，2021（5）：126－133＋192.

［127］徐浩贻. 产学研合作的本质特征及影响因素［J］. 当代教育论坛，2005（23）：43－44.

［128］徐凯，高山行. 中国高等院校科研投入——产出研究［J］. 研究与发展管理，2008（2）：97－101.

［129］徐凯，高山行. 中国高校 R&D 支出与专利申请的相关关系研究［J］. 科学学研究，2006（S2）：421－425.

［130］徐小阳. 中国政府公共 R&D 与自主创新关系的实证研究［J］. 科技管理研究，2011，31（6）：12－14.

［131］徐晓丹，柳卸林. 大企业为什么要重视基础研究？［J］. 科学学与科学技术管理，2020，41（9）：4－5.

［132］许泉，吴强，刘欣. 美国产学研协同创新的主要模式及特点［J］. 放眼世界，2014（20）：61－63.

［133］许悦雷．中日两国产学合作创新机制的比较研究［J］．日本研究，2019（3）：31－38.

［134］薛澜，姜李丹，黄颖，梁正．资源异质性、知识流动与产学研协同创新——以人工智能产业为例［J］．科学学研究，2019，37（12）：2241－2251.

［135］薛莉，陈钢．政府引导对产学研协同创新的促进效应研究——基于演化博弈的数值仿真视角［J］．江苏社会科学，2021（2）：58－68.

［136］闫青，徐庆，王章忠．基于产学研合作的自主创新模式选择问题研究［J］．高教探索，2008（1）：65－68.

［137］闫青．协同创新视角下高校科技产业与高校科技成果转化关系探究［J］．产业与科技论坛，2014，13（11）：76－78.

［138］杨宝杰，王勇．政政产学研融合推进科技成果转化［J］．中国高校科技，2019（10）：21－24.

［139］杨博，曹辉．我国高校创新效率测度及区域比较［J］．统计与决策，2020，36（16）：60－63.

［140］杨文娟，袁鹤馨．深圳科技计划对高校科研项目资助现状分析与思考［J］．科研管理，2020，41（1）：285－288.

［141］杨修，朱晓暄．美联邦政府研发投入态势及对我国创新发展启示——基于2010－2019财年研发预算的分析［J］．科学管理研究，2018，36（5）：113－116.

［142］姚雷．营造促进企业家公平竞争诚信经营的市场环境［J］．人民论坛，2019（9）：9.

［143］姚潇颖．中国战略性新兴产业产学研合作机制与绩效研究［D］．武汉：华中科技大学，2017：37－38.

［144］叶伟巍，梅亮，李文．协同创新的动态机制与激励政策——基于复杂系统理论视角［J］．管理世界，2014（6）：79－91.

［145］叶向东．美国政府在促进产学研结合中的作用及启示［J］．全球科技经济瞭望，2007（9）：29－31.

［146］殷翔文．高校协同创新的角色定位与价值追求［J］．中国高校

科技，2012（7）：9－11＋13.

［147］尹志锋，叶静怡，黄阳华，秦雪征．知识产权保护与企业创新：传导机制及其检验［J］．世界经济，2013，36（12）：111－129.

［148］于耀翔，林超辉，陈辉，丘嘉鹏，赵毅，杨坚伟．高校科技成果转化中心的运行方案与绩效研究——基于政产学研融合的可行性分析［J］．中国高校科技，2020（11）：87－91.

［149］于志军，杨昌辉，白羽．成果类型视角下高校创新效率及影响因素研究［J］．科研管理，2017（5）：141－149.

［150］余晓芳，刘耀东．创新驱动发展战略背景下高校产学研协同创新机制研究［J］．理论月刊，2019（12）：155－160.

［151］俞晓军．日本企业研发机构的组织特征和运作方式分析［J］．东北亚论坛，2004，13（4）：60－64.

［152］原长弘，张树满．陕西省产学研协同创新的现状、问题及对策［J］．技术与创新管理，2018，39（1）：4－9＋39.

［153］原长弘，章芬，姚建军，孙会娟．政产学研用协同创新与企业竞争力提升［J］．科研管理，2015，36（12）：1－8.

［154］张彩云，毕诚．以色列创新人才培养战略及其启示［J］．中国教育学刊，2013，4（12）：6－10.

［155］张国昌，胡赤弟．场域视角下的高校协同创新模式分析［J］．教育研究，2017（5）：55－61.

［156］张惠东．国外产学研合作创新分析及对我国的启示［J］．经济研究导刊，2015（21）：188－190.

［157］张杰，陈志远，杨连星，新夫．中国创新补贴政策的绩效评估：理论与证据［J］．经济研究，2015，50（10）：4－17＋33.

［158］张俊霞．经济新常态下政产学研协同创新问题研究［J］．科技进步与对策，2015，32（14）：27－30.

［159］张力．产学研协同创新的战略意义和政策走向［J］．教育研究，2011（7）；18－21.

［160］张明喜．我国基础研究经费投入及问题分析［J］．自然辩证法

通讯，2016，38（2）：106－110.

［161］张倩红，刘洪洁. 国家创新体系：以色列经验及其对中国的启示［J］. 西亚非洲，2017（3）：28－49.

［162］张钦朋. 产学研协同创新政府引导机制研究——基于“2011计划”实施背景［J］. 科技进步与对策，2014，31（5）：96－99.

［163］张锁柱. 加速科技产业化的有效途径——日本的产学研协作初探［J］. 日本学刊，2001（2）：65－77.

［164］张同建，王敏，常光辉. 日本产学研发展路径及对我国的启示［J］. 科学管理研究，2020，38（4）：157－163.

［165］张巍，华贤. 产学研协同创新主体间利益协调问题研究［J］. 技术与创新管理，2017，38（5）：455－460.

［166］张信东，武俊俊. 政府 R&D 资助强度、企业 R&D 能力与创新绩效——基于创业板上市公司的经验证据［J］. 科技进步与对策，2014，31（22）：7－13.

［167］张义芳，翟立新. 产学研研发联盟：国际经验及我国对策［J］. 科研管理，2008（5）：42－48.

［168］张永安，严嘉欣. 政府研发资助、企业研发投入与创新绩效的动态关系［J］. 科技管理研究，2020，40（2）：1－10.

［169］张羽飞，原长弘，张树满. 产学研融合程度对科技型中小企业创新绩效的影响［J］. 科技进步与对策，2021（7）：1－10.

［170］赵京波，张屹山. 美国产学研合作的经验及启示［J］. 经济纵横，2011（12）：118－121.

［171］赵京波. 我国产学研合作的经济绩效研究与模式、机制分析［D］. 吉林大学，2012：1－82.

［172］赵善庆. 发达国家产学研合作的成功经验及对我国的启示［J］. 教育与职业，2014（20）：165－167.

［173］赵毅，王楠，张陆洋. 科创企业研发投入对企业绩效的非线性影响——基于固定效应面板门槛模型的实证研究［J］. 工业技术经济，2021，40（1）：48－58.

［174］赵振红．高校科研经费内部审计的思考［J］．科技和产业，2020（9）：158－160.

［175］郑琼洁．政府科技激励与技术创新机制研究［J］．中国科技论坛，2015（6）：16－21.

［176］智瑞芝．日本产学合作演变及政府的主要措施［J］．现代日本经济，2009（3）：34－39.

［177］周海涛，张振刚．政府研发资助方式对企业创新投入与创新绩效的影响研究［J］．管理学报，2015，12（12）：1797－1804.

［178］周海涛，郑淑超．高校科研体制七十年变革的历程和趋向［J］．高等教育研究，2019（9）：40－45.

［179］周锐．日本的科技创新政策体系探析［J］．中国市场，2006（48）：80－81.

［180］周鲜成．美国产学研合作模式及其成功经验［J］．湖南商学院学报，2014（12）：35－38.

［181］周艳，曾静．企业 R&D 投入与企业价值相关关系实证研究——基于沪深两市上市公司的数据挖掘［J］．科学学与科学技术管理，2011（1）：146－151.

［182］朱秋．面向 2035 年科技创新体制机制变迁［J］．中国科技论坛，2020（12）：5－6.

［183］朱之文．让高校科研望向更远方［N］．人民政协报，2020（10）.

［184］宗庆庆，黄娅娜，钟鸿钧．行业异质性、知识产权保护与企业研发投入［J］．产业经济研究，2015（2）：47－57.

［185］宗喆．对以色列科创模式及中以合作的思考［J］．国际金融研究，2020（2）：26－35.

［186］邹洋，徐长媛，郭玲，闫浩．高校中政府研发补贴对企业研发投入的影响分析［J］．经济问题，2016（4）：55－62.

［187］Adams J，Chiang E，Jensen J．The influence of federal laboratory R&D on industrial research［J］．Review of Economics and Statistics，2003，

85 (4): 1003 -1020.

[188] Almus M, Czarnitzki D. The effects of public R&D subsidies on firms innovation activities [J]. Journal of Business & Economic Statistics, 2003, 21 (2): 226 -236.

[189] Annamária Inzelt. The evolution of university - industry - government relationships during transition [J]. Research Policy, 2004, 33 (6 -7): 975 -995.

[190] Annique Un C, Asakawa K. Types of R&D collaborations and process innovation: The benefit of collaborating upstream in the knowledge chain [J]. Journal of Product Innovation Management, 2015, 32 (1): 138 -153.

[191] Ben Branch. Research and Development Activity and Profitability: A Distributed Lag Analysis [J]. Journal of Political Economy, 1974, 82: (5).

[192] BILBAO - OSORIO B, RODRIGUEZ - POSE A. From R&D to innovation and economic growth in the EU [J]. Growth and Change, 2004, 35 (4): 434 -455.

[193] Bloom N, Van Reenen J, Williams H. A toolkit of policies to promote innovation [J]. Journal of Economic Perspectives, 2019, 33 (3): 163 -84.

[194] Bruneel J, D Este P, Salter A. Investigating the factors that diminish the barriers to university - industry collaboration [J]. Research Policy, 2010, 39 (7): 858 -868.

[195] Burg E V, Berends H, Raaij E M V. Framing and interorganizational knowledge transfer: A process study of collaborative innovation in the aircraft industry [J]. Journal of Management Studies, 2014, 51 (3): 349 -378.

[196] Byung - Keun Kim, Jung Tae Hwang. Longitudinal small and medium enterprise (SME) data on survival, research and development (R&D) investment, and patent applications in Korea's innovation clusters from 2008 to 2014 [J]. Data in Brief, 2019, 25.

[197] Campbell E G, Claridge B R, Gokhale M. Data withholding in

academic genetics [J]. Journal of the American Medical Association, 2002, 287 (4): 473 -480.

[198] Campodonico L A B, Bonfatti R, Pisano L. Tax policy and the financing of innovation [J]. Journal of Public EconomiZs, 2016, 135 (3): 32 - 46.

[199] Colin Lindsay, Patricia Findlay, Johanna McQuarrie, Marion Bennie, Emma Dunlop Corcoran, Robert Van Der Meer. Collaborative Innovation, New Technologies and Work Redesign [J]. Public Administration Review, 2018, 78 (2).

[200] Connelly C E, Zweig D, Webster J. Knowledge hiding in organizations [J]. Journal of Organizational Behavior, 2012, 33 (1): 64 -88.

[201] Connelly C E, Zweig D. How perpetrators and targets construe knowledge hiding in organizations [J]. European Journal of Work & Organizational Psychology, 2015, 24 (3): 479 -489.

[202] Curtis A, Mc Vay S, Toynbee S. The changing implications of research and development expenditures for future profitability [J]. Review of Accounting Studies, 2020 (2): 405 -437.

[203] D Guo, Y Guo, K Jiang. Government - subsidized R&D and firm innovation: Evidence from China [J]. Research Policy, 2016, 45 (6): 1129 -1144.

[204] Dave P, Wadhwa V, Aggarwal S. The impact of research and development on the financial sustainability of information technology (IT) companies listed on the S&P 500 Index [J]. Journal of Sustainable Development, 2013 (11): 122.

[205] David B. Audretsch and Marcel Hülsbeck and Erik E. Lehmann. Regional competitiveness, university spillovers, and entrepreneurial activity [J]. Small Business Economics, 2012, 39 (3): 587 -601.

[206] David P A, Hall B H, Toole A A. Is public R&D a complement or substitute for private R&D? A review of the econometric evidence [J]. Re-

search Policy, 2000, 29 (4): 497 –529.

[207] Denis Gray, Lindsey McGowen. Industry/University Cooperative Research Centers Evaluation 2010 – 2011 [R]. National Science Foundation Industry/University Cooperative Research Centers Evaluation Project, January 2012.

[208] Dong – Gil Ko, Laurie J, William R. Antecedents of Knowledge Transfer from Consultants to Clients in Enterprise System Implementations [J]. MIS Quarterly, 2005, 29 (1): 59 –85.

[209] Douglas Woodward, Octávio Figueiredo, Paulo Guimarães. Beyond the Silicon Valley: University R&D and high – technology location [J]. Journal of Urban Economics, 2006, 60 (1): 15 –32.

[210] Dyer Jeffrey H, Kale Prashant, Singh Harbir. When to ally & when to acquire [J]. Harvard business review, 2004, 82 (7): 109 –115.

[211] Elias Einiö. R&D Subsidies and Company Performance: Evidence from Geographic Variation in Government Funding Based on the ERDF Population – Density Rule [J]. Review of Economics and Statistics, 2014, 96 (4).

[212] Elias G, Jeffery Alexander. Strategy, Structure and Performance Issues of Pre – competitive R&D Consortia: In 2 sights and SEMATECH [J]. Management of Engineering and Technology, 2001 (1): 715 –725.

[213] Etzkowitz H, Webster A, Gebhardt C. The future of the university and the university of the future: evolution of ivory tower to entrepreneurial paradigm [J]. Research Policy, 2000, 29 (2): 313 –330.

[214] Eva M Mora – Valentin, Angeles Montoro – Sanchez, Luis A Guerras – Martin. Determining factors in the success of R&D cooperative agreements between firms and research organizations [J]. Research Policy, 2004, 33 (1): 17 –40.

[215] Fabrizio K R, Diminin A. Commercializing the Laboratory: The Relationship Between Faculty Patenting and Publishing [J]. Research Policy, 2008, 37 (5): 914 –931.

[216] Feldman M P, Kelley M R. The ex – ante assessment of knowledge

spillovers: Government R&D policy, economic incentives and private firm behavior [J]. Research Policy, 2006, 35 (10): 1509 - 1521.

[217] Feranita Feranita, Josip Kotlar, Alfredo De Massis. Collaborative Innovation in Family Firms: Past Research, Current Debates and Agenda for Future Research [J]. Journal of Family Business Strategy, 2017 (10): 110 - 223.

[218] Flegg A T, Allen D O, Field K. Measuring the efficiency of British universities: a multi - period data envelopment analysis [J]. Education Economics, 2004 (3): 231 - 249.

[219] Florian S. Research subsidies, industry - university cooperation and innovation [J]. Research Policy, 2018, 47 (4): 1256 - 1266.

[220] Freeman C. Technology policy and economic performance: lessons from Japan [M]. London: Frances Pinter, 1987: 210 - 213.

[221] Fulvio Castellacci, Christine Mee Lie. Do the effects of R&D tax credits vary across industries? A meta - regression analysis [J]. Research Policy, 2015, 44 (4): 819 - 832.

[222] Gloor P. Swarm Creativity: Competitive Advantage through Collaborative Innovation Networks [J]. Oxford University Press, 2005 (5): 126 - 129.

[223] Greiner A, Kauermann G. Debt policy in Euro area countries: Evidence for Germany and Italy using penalized spine smoothing [J]. Economic Modelling, 2008, 25 (2): 1144 - 1154.

[224] Gulbrandsen M, Smeby C. Industry funding and university professors research performance [J]. Research Policy, 2005, 34 (6): 923 - 950.

[225] GUO D, GUO Y, JIANG K. Government - subsidized R&D and firm innovation: evidence from China [J]. Research Policy, 2016, 45 (6): 1129 - 1144.

[226] Gustafsson R, Jarvenpaa S. Extending community management to industry - university - government organizations [J]. R&D Management, 2018, 49 (4): 555 - 573.

[227] Haken H. Berlin. Advanced synergetics [M]. New York:

Springer, 1983.

[228] Haken H. Information and self – organization: a macroscopic approach to complex systems [M]. Berlin Springer, 2006.

[229] Henry Chesbrough. Open Innovation: Where We've Been and Where We're Going [J]. Research Technology Managemen, 2012, 55 (4): 20 – 27.

[230] Henry Etzkowitz, James Dzisah. Rethinking development: circulation in the triple helix [J]. Technology Analysis & Strategic Management, 2008, 20 (6): 653 – 666.

[231] HOLGER GÖRG, ERIC STROBL. The Effect of R&D Subsidies on Private R&D [J]. Economica, 2007, 74 (294): 215 – 234.

[232] Inzelt A. The evolution of university – industry – government relationships during transition [J]. Research Policy, 2004, 33 (6): 975 – 995.

[233] Jadesadalug V, Ussahawanitchalit P. The Impacts of Organizational Synergy and Autonomy on New Product Performance: Moderating Effects of Corporate Mindset and Innovation [J]. Journal of International Business Stretegy, 2008, 8 (3): 118 – 128.

[234] Janet Bercovitz, Maryann Feldman. Academic Entrepreneurs: Organizational Change at the Individual Level [J]. Organization Science, 2008, 19 (1).

[235] Jerry G. Thursby, Marie C. Thursby. Who Is Selling the Ivory Tower? Sources of Growth in University Licensing [J]. Management Science, 2002, 48 (1): 90 – 104.

[236] Joon Mo Ahn, Weonvin Lee, Letizia Mortara. Do government R&D subsidies stimulate collaboration initiatives in private firms? [J]. Technological Forecasting & Social Change, 2020 (3): 151 – 154.

[237] Kang K, Park H. Influence of government R&D support and inter – fir collaborations on innovation in Koreanbio technology SMEs [J]. Technovation, 2012, 32 (1): 68 – 78.

[238] Kim Woonghee. ICT R&D and Global Competitiveness in Japan: Searching for a new collaboration system among industry, university, and government [J]. The Korean Journal for Japanese Studies, 2009, 30 (9): 187 - 213.

[239] Kun Chen. Universities/Research Institutes and Regional Innovation Systems: The Cases of Beijing and Shenzhen [J]. World Development, 2006, 35 (6): 1056 - 1074.

[240] Lee C Y. The Differential Effects of Public R&D Support on Firm R&D: Theory and Evidence from Multi - Country Data [J]. Technovation, 2011, 31 (5): 256 - 269.

[241] Lerner J, Nanda R. Venture capital's role in financing innovation: What we know and how much we still need to learn [J]. Journal of Economic Perspectives, 2020, 34 (3): 237 - 261.

[242] Lichtenberg F R. The private R&D investment response to federal design and technical competitions [J]. American Economic Review, 2001, 78 (3): 550 - 555.

[243] Lundvall B A. National systems of innovation: towards a theory of innovation and interactive learning [M]. Pinter Publishers, 1992.

[244] Maggor E. The Politics of Innovation Policy: Building Israel's "Neo - developmental" State [J]. Politics & Society, 2020: 20 (5): 1 - 37.

[245] Marcelo J. Alvarado - Vargas, Stephen K. Callaway and Sonny Ariss. Explaining innovation outputs by different types of R&D inputs: evidence from US universities [J]. Journal of Strategy and Management, 2017, 10 (3): 326 - 341.

[246] María García - Vega, Óscar Vicente - Chirivella. Do university technology transfers increase firms' innovation? [J]. European Economic Review, 2020 (2): 123 - 129.

[247] Maribel Guerrero, David Urbano, Fernando Herrera. Innovation practices in emerging economies: Do university partnerships matter? [J]. Jour-

nal of Technology Transfer, 2019, 44 (2): 615 -646.

[248] Mcgregor G P, Hartel R, Fehmann H C. Exploration and Practice of the Construction of Common Technological Center for Drug R&D under the College Enterprise Government Collaboration [J]. 2014, 312 (2 -3): 187 -191.

[249] Metcalfe B. Invention is a flower, innovation is a weed [J]. Technology Review, 1999, 102 (6): 54 -57.

[250] Min Yang. Evaluating Collaborative Innovation Ability of School - Enterprise Cooperation [J]. Open Journal of Business and Management, 2015, 3 (1): 65 -70.

[251] Momaya K. Competitiveness of Japan: Opportunities and Issues with Focus on Software Industry [J]. Ritsumeikan International Affairs, 2006 (4): 678 -680.

[252] Pamela Mueller. Exploring the knowledge filter: How entrepreneurship and university - industry relationships drive economic growth [J]. Research Policy, 2006, 35 (10): 1499 -1508.

[253] Pedroni P. Critical values for cointegration tests in heterogeneous panels with multiple regressors [J]. Oxford Bulletin of Economics and Statistics, 1999, 61 (S1): 653 -670.

[254] Phan P H, Siegel D S. Foundations and Trends (R) in Entrepreneurship [J]. Foundations & Trends Journal Articles, 2005, 1 (1): 55 -104.

[255] Rajalo S, Vadi. M. University - industry innovation collaboration: Reconceptualization [J]. Technovation, 2017 (4): 42 -54.

[256] René Belderbos, Martin Carree, Boris Lokshin. Cooperative R&D and firm performance [J]. Research Policy, 2004, 33 (10): 1477 -1492.

[257] Robert C, Serow. Research and teaching at a research university [J]. Higher Education, 2000, (4): 449 -463.

[258] Robert Kneller, Marcel Mongeon, Jeff Cope, Cathy Garner, Philip Ternouth. Industry - university collaborations in Canada, Japan, the UK and USA—with emphasis on publication freedom and managing the intellectual prop-

erty lock – up problem [J]. PLoS ONE, 2017, 9 (3): 18 – 29.

[259] Robert Knellwer. University – Industry Cooperation and Technology Transfer in Japan Compared with the United Stated: Another Reason for Japan's Economic Malaise [J]. University of Pennsylvania Journal of International Economic Law, 2003 (24): 329 – 449.

[260] Rudi Bekkers, Isabel Maria Bodas Freitas. Analysing knowledge transfer channels between universities and industry: To what degree do sectors also matter? [J]. Research Policy, 2008, 37 (10): 1837 – 1853.

[261] Saul Lach. Do R&D Subsidies Stimulate or Displace Private R&D? Evidence from Israel [J]. The Journal of Industrial Economics, 2002, 50 (4): 369 – 390.

[262] Şendoğdu A A, Diken A. A Research on the Problems Encountered in the Collaboration between University and Industry [J]. Procedia – Social and Behavioral Sciences, 2013 (99): 966 – 975.

[263] Shang – Jin W, Xie Z, Zhang X. From" Made in China" to" Innovated in China": Necessity, prospect, and challenges [J]. Journal of Economic Perspectives, 2017, 31 (1): 49 – 70.

[264] Szczygielski K, Grabowski W, Pamukcu T. Does government support for private innovation matter? Firm – level evidence from two catching – up countries [J]. Research Policy, 2017, 46 (1): 219 – 237.

[265] Szucs F. Research subsidies, industry – university cooperation and innovation [J]. Research Policy, 2018, 47 (7): 1256 – 1266.

[266] Thursby M, Thursby J, Gupta – Mukherjee S. Are there real effects of licensing on academic research? A life cycle view [J]. Journal of Economic Behavior & Organization, 2007, 63 (4): 577 – 598.

[267] Timothy M, Naresh K. Technology transformation and purposed play: model development and implications for high tech product development [J]. Int. J. of Technology Management, 2004, 28 (1): 512 – 540.

[268] Tsai W. Knowledge transfer in intra organizational networks:

Effects of network position and absorptive capacity on business unit innovation and performance [J]. Academy of Management Journal, 2001, 44 (5): 996 - 1004.

[269] Tseng Ming Lang, Sheng Hsiang Lin, Truong Nguyen Tuong Vy. Mediate effect of technology innovation capabilities investment capability and firm performance in Vietnam [J]. Procedia - Social and Behavioral Sciences, 2012 (40): 817 - 829.

[270] Wonglimpiyarat J. Government policies towards Israel's high - tech powerhouse [J]. Technovation, 2016, 52: 18 - 27.

[271] Yeshua - Katz D, Efrat - Treister D. "Together in the tech trenches": a view of Israel's innovation culture [J]. Innovation, 2020 (20): 1 - 17.

[272] Yoshioka - Kobayashi Tohru. Institutional Factors for Academic Entrepreneurship in Publicly owned Universities in Japan: Transition from a Conservative Anti - industry University Collaboration Culture to a Leading Entrepreneurial University [J]. Science, Technology and Society, 2019, 24 (3): 423 - 445.

致　谢

《政产学研的耦合机制与创新驱动》一书终告段落，悠悠岁月，白驹过隙，回忆撰写书稿的过程，彷佛翻越一座座高山，书籍付梓之际，在此谨表达自身的殷切期许与拳拳谢意。首先，本书作为陕西省软科学研究计划项目“陕西省校企协同创新成果转移转化的效率提升与对策研究”（2020KRM213，2020.06—2021.06）和陕西省教育厅科学研究计划项目“互联网+背景下陕西省校企协同的创新效率提升与对策研究”（20JK0141，2020.06—2020.12）的结项成果，感谢课题组所有成员的辛勤付出与努力工作，各位严谨认真的学术态度为项目结题和书稿撰写做出了重大贡献，同时还要感谢评审专家在此过程中提出宝贵的修改意见。此外，还要感谢孙凤娇参与撰写的第2章文献梳理（12000字），杨松参与撰写的第4章政产学研融合的历史演化（11000字），崔鑫参与撰写的第5章政产学研的耦合机制（10000字），任赟参与撰写的第7章美国产学研创新驱动的经验与启示（11000字），王瑞参与撰写的第8章日本产学研合作的经验与启示（12000字），郁波参与撰写的第9章以色列产学研创新驱动的经验与启示（11000字），在大家的共同努力下，完成了本书的撰写，在此表示衷心感谢。

作者简介

郭惠（1985 - ），女，陕西延安人，经济学硕士，西安财经大学科研处助理研究员，主要研究方向为技术经济与科技政策，以第一作者发表学术论文十余篇，其中在《科研管理》《科技进步与对策》等权威期刊与核心期刊发表学术论文 3 篇，主持陕西省创新能力支撑计划软科学研究项目（2020KRM213）、陕西省思想政治工作重大理论与现实问题研究项目（SZ028）、陕西省提升公众科学素质研究计划项目（194910）、陕西省教育厅科学研究专项项目（20JK0141）等课题 5 项，参与国家级、省部级课题 10 余项。